ANDRÉ MALRAUX

La tête
d'obsidienne

GALLIMARD

Comme *Les Chênes qu'on abat...* et *Roi, je t'attends à Babylone...*,
ce livre est un fragment du *Temps des Limbes,* dont la première
partie a été publiée sous le titre *Antimémoires,* et dont la seconde
le sera sous le titre *Métamorphoses.*

On trouvera, en appendice, les reproductions documentaires
des principales œuvres auxquelles l'auteur se réfère.

A GASTON PALEWSKI
qui fut l'ami de Picasso,
et dont Picasso fut l'ami

I

Je mets à jour des notes de la guerre d'Espagne : le dernier printemps de Barcelone.

« Les Ramblas à l'heure où les avenues sont encore vides. Des gens passent dans le matin froid, des gens dont la marche n'est plus celle des hommes aux jours de la paix. Les vitrines où l'on ne voit plus que des jouets misérables ou des séries de timbres rares et chers (les timbres s'emportent aisément), des bijouteries aux petits supports de velours sans bijoux, les chemisiers qui vendent tous des cravates de deuil, les oiseleurs avec leurs pancartes : " Plus de nourriture pour les oiseaux ", l'immense attente de la défaite. Les gens deviennent plus nombreux. A l'entrée de la Rambla des Fleurs, presque sans éventaires depuis longtemps, des badauds à revolvers entourent l'imitateur d'animaux, qui imite maintenant le miaulement des balles. Sur les tables des bouquinistes, un nouveau livre porte la bande " vient de paraître " : c'est *Tartufe*.

« Puis, une floraison stupéfiante.

« Le syndicat a donné l'ordre de couper les arbustes à fleurs des environs; une double haie d'aubépines (ce qu'on n'a jamais vu dans une ville) étincelantes comme le givre, recouvre à perte de vue le trottoir du centre, et des ombres obliques disparaissent dans les rues, brandissant comme des girandoles les buissons d'aubépines qu'elles emportent dans leur maison sans vivres et sans feu. »

La sonnerie du téléphone...
« Monsieur, c'est de la part de Mme Pablo Picasso. »
Elle appelle de Mougins. Les journaux ont rapporté les problèmes juridiques de la succession. Je lui dis que si je puis l'aider, j'en serai heureux. « Moi? non..., dit-elle. Il s'agit plutôt de la France... » Elle veut léguer à l'État la collection de tableaux anciens rassemblés par Picasso, en se conformant fidèlement aux instructions de celui-ci. J'ignore les obstacles qu'elle rencontre, mais doute qu'ils soient insurmontables. Elle m'invite à voir les tableaux. Cet appel qui semble venir des aubépines de Barcelone, ce visage que je n'ai jamais vu mais que ses portraits m'ont rendu familier, cette voix que sature la tristesse... Je dis que nous savons tous combien les importunités avivent le chagrin, et que nous tenons à l'en préserver. « Je suis très

malheureuse », répond-elle d'une voix atone, poignante et simple. Je l'appelle madame. « Vous ne voudriez pas m'appeler Jacqueline? », dit-elle de la même voix éloignée.

A l'aérodrome de Nice, cohue de photographes. Ils attendaient je ne sais qui pour l'inauguration d'un festival, et se demandent si j'ai repris du service. Fin du quiproquo. Jacqueline m'attend derrière un gros avion. Elle ressemble à ses portraits : type de la jolie Arlésienne, médaille romaine au nez aquilin. Son visage a la douceur triste de sa voix. Ses vêtements de grand deuil posent un crêpe sur le souvenir de ses portraits multicolores.

Nous partons en trombe. « A Mougins, Nounours », dit-elle au chauffeur. Je reconnais la relation que Picasso a toujours entretenue avec ceux qui le servaient. Sa femme de chambre avait l'air d'une confidente; son secrétaire, d'un disciple ou d'un famulus. Il inspirait à son entourage le sentiment d'une supériorité fraternelle, et c'était, je crois, celui qu'il préférait inspirer.

Elle raconte la préparation de l'exposition rétrospective du Grand et du Petit Palais, que j'ai fait organiser en 1966 :

« Nous prenions les grandes décisions le soir. Pablo travaillait tard; après, nous allions à la cuisine manger quelque chose, et c'est à ce moment-là qu'il décidait. Je lui ai parlé de l'exposition, il a dit non. Une heure plus tard, avant d'aller se coucher, il a dit : " Si tu y tiens, fais-la, mais je ne m'occupe de rien! " Et il est resté couché pendant une semaine. »

Son ironique affection la rapproche du passé. Les courbes de la route balancent les collines de Provence sur la Méditerranée. J'ai habité Roquebrune à la fin de 1940, après mon évasion.

La tendresse inspirée par la mort fait aimer les vivants qui l'éprouvent, et Jacqueline est tout entière habitée par son chagrin.

« Le 10 avril, quand je suis venue à Vauvenargues avec Pablo, il neigeait. C'est une coïncidence, non? Il ne neige jamais ici le 10 avril, mais ce jour-là il y avait tant de neige, que nous n'avons pas pu aller jusqu'au bout. »

Le 10 avril... Elle veut dire : quand j'ai regagné Vauvenargues avec le cercueil.

Mougins. Barrière. Chemin privé. Fleurs, cyprès. C'est Notre-Dame-de-Vie. On ne voit pas la maison. Une porte sans doute latérale, un long petit couloir sombre.

Nous allons voir Miguel. C'est un ancien officier républicain, hérité lui aussi de Picasso, qui assiste Jacqueline : classement des toiles, déménagement, gens de loi... La finesse des Espagnols fins, une douceur qui me surprend chez un homme dont je ne connais que la guerre; une grande chaleur triste. Pour ne pas parler de Picasso, nous parlons de Teruel. Jacqueline et moi entrons dans une pièce où deux couverts sont mis.

« Avec Pablito, nous déjeunions ici. »

Ce n'est pas une salle à manger : comme à l'atelier des Grands-Augustins, toutes les pièces sont des pièces-à-tableaux. Dans la lumière du Midi tamisée par des stores, des toiles, des toiles, un masque nègre par terre. Collée par la peinture sur une toile qu'elle cache, l'affiche de la première exposition d'Avignon. C'est un mousquetaire qui s'appelle *Homme à l'épée*. Sans doute choisi par Picasso entre les deux cents tableaux réunis en 1970.

« D'où viennent-ils, les mousquetaires? des *Ménines?*

— Non : ils sont arrivés quand Pablo s'est remis à étudier Rembrandt. »

Un vide étroit entre les tableaux, le chemin par lequel Picasso passait : la forêt tropicale, tous ses bambous arrachés et piétinés, là où sont passés les éléphants disparus. A-t-il fait des dessins sur cette nappe? Les assiettes sont peintes par lui : trois larges coups de pinceau carmin.

« Tout est fait à la main et à la maison », dit-elle ironiquement.

Aux murs, des photos de Picasso. En face, un visage grandeur nature, attentif, très ressemblant. Jacqueline lui chuchote : « Tu vois, Pablito, ton ami est venu... » A gauche de la porte, de grandes photos en couleurs : Picasso en robe grenat, dans l'ombre; Picasso en Romain, appuyé sur une lance, jambes écartées, trapu; d'autres, plus anciennes. Un tableau de la période rose ressemble au *Portrait à la palette*.

Je n'éprouve pas les sentiments qu'inspire traditionnellement la mort. L'affection de Jacqueline, le prénom ou le diminutif qu'elle emploie me rappellent que je n'ai jamais connu Pablo, personne privée, sentiments; j'ai seulement connu Picasso.

Un dessin qui représente Jacqueline. Un tableau allongé, panorama de toits et de cheminées. Je demande :

« Ce sont les toits de Barcelone?

— Vous les reconnaissez?

— Je crois reconnaître le sujet : la ligne qui se découpait sur le petit matin, quand nos avions revenaient... »

Je crois aussi en avoir vu la reproduction en noir. Elle suggérait un tableau petit, alors qu'il ne l'est pas; et gris, alors qu'il annonce la période bleue.

Dans la pièce voisine, rien au mur; mais le même envahissement par les châssis retournés. Une autre affiche du Mousquetaire. Sur un fauteuil d'osier, un petit carton où Picasso a écrit : « Si tu crois que tu n'as pas raté ton tableau, retourne à l'atelier, tu verras que ton tableau est raté. »

« Un jour, dit-elle, il devait sortir, il avait laissé ça pour un ami. Il disait que depuis, il le gardait pour lui ; que c'était un bon conseil.

« Souvent, il aimait que je sois là quand il travaillait. Il ne travaillait plus dans cette pièce depuis longtemps, mais le fauteuil est resté... »

Elle se penche vers des châssis, hésite :

« Voulez-vous voir d'abord les toiles de sa collection? »

Le couloir, de nouveau. Il a changé, parce que mes yeux se sont habitués à l'accumulation des tableaux ; des murs nus, fussent-ils d'un couloir, me semblent ceux d'une maison en construction. Nous entrons dans une grande pièce claire, mais non plus vide.

Retournés contre le mur, dans la lumière, une cinquantaine de tableaux. Posés sur les tranches des châssis, deux tout petits portraits du Douanier Rousseau, une Figure de Derain ; au-dessus, grandeur nature, la tête de la *Yadwiga* du Douanier dépasse.

« Elle regardait comme ça chez l'antiquaire, cachée par les tableaux pompiers. Pablo passait tous les jours. Quand il a eu les vingt francs demandés, elle n'y était plus. Mais le brocanteur l'avait dans sa boutique... »

Je me souviens de la tombe du Douanier, avec le poème d'Apollinaire gravé sur la pierre. C'est Brancusi qui l'a gravé.

A droite, quelques grands tableaux visibles. L'un des plus beaux Matisse, la *Nature morte aux oranges*. Je l'ai vu dans l'atelier des Grands-Augustins, entre une *Impasse* onirique et architecturale de Balthus, et *Le Parc Montsouris* du Douanier.

« Oui, Pablo la gardait avec lui. Nous la regardions. Elle change tout le temps. »

En effet, les bandes verticales rouges du fond et de l'étoffe, le saumon pâle de l'étoffe aux fleurs violettes et le rose de la fenêtre, le gris de la coupe et le jaune du citron dialoguent inépuisablement.

Je pense à la chapelle de Matisse, au Père Couturier, qui disait : « Si les chrétiens mettaient dans leur vie les vertus que Cézanne a mises dans sa peinture, le monde irait mieux... » C'est lui qui avait décidé Matisse à entreprendre sa chapelle; quand il posa pour le *Saint Dominique* linéaire, Matisse lui dit : « Pour qu'il soit un saint et non une figure, je n'ai pas trouvé d'autre moyen que l'auréole. » Par un matin d'été, on m'a ouvert la chapelle fermée. L'art roman me hantait trop pour me laisser à l'aise devant ce goût suprême, mais je revenais de loin, et il m'accueillait comme la France... Un jour, Picasso est venu. Il a acheté des cartes postales à la sœur bougonnante.

Un des visiteurs dit : c'est Picasso. Elle le regarde :
« Eh ben, m'sieu Picasso, puisque vous êtes là, j'ai à
vous dire une bonne chose. Ici, tous les gens donnent
leur avis, et ci et ça! Un jour, m'sieu Matisse en a eu
assez : " Ma Sœur, qu'il m'a dit, y a qu'une seule personne qu'ait le droit de me critiquer, vous entendez!
c'est Picasso. " Sauf le Bon Dieu, bien sûr. Vous
devriez le leur dire, aux autres! » Picasso prend son
air écarquillé : « Et pourquoi, lé Bon Dieu, il lé dit
pas? » Hélène Parmelin a raconté le début, Picasso
racontait la fin.

« Matisse, dit Jacqueline, aimait beaucoup sa
nature morte. Il a voulu la reprendre au marchand.
Elle était vendue. Quand il a appris que c'était Pablo
qui l'avait achetée, il a pleuré. »

Souvenir, et non information : un passé désolé
imprègne tout ce qu'elle dit. A côté des *Oranges,* une
autre nature morte de Matisse, au fond noir carrelé
par des traits gravés dans la pâte; une tête de Derain
ocre et sépia, antérieure à la guerre de 14. Brun aussi,
un petit Le Nain superbe : séparée d'un groupe, une
paysanne debout, irréelle mais d'un poids de cariatide. Un *Château noir* de Cézanne, clair, poreux, mat
comme un pastel.

« Il n'est pas verni?

— Non, Cézanne interdisait à Vollard de vernir ses
tableaux. »

Elle retourne un petit Cézanne de *Baigneuses,* verni. C'est presque un art différent.

Un autre petit châssis. Le *Marguerite* de Matisse de 1908 : couleurs plates, et le trait sinueux des dessins dont il a illustré Mallarmé. Deux autres Matisse d'extrême jeunesse, paysages du Jura; un bouquet, sans châssis. Une figure de Corot; une autre, surprenante : la tête n'a pas été peinte, ou Corot l'a effacée. Un Van Dongen fauve. Des monotypes de Degas qui ont illustré la *Maison Tellier* de Vollard; celui-ci a vendu à Picasso, ou échangé avec lui, maints tableaux de cette collection. Une petite nature morte du XVIIIe couverte de poussière : viande rouge sur fond sombre.

« Tiens, dis-je, Goya? »

Elle rit, chasse la poussière : Chardin. C'est bien la viande de Goya, avant lui, mais pas son fond noir.

Deux Braque. Elle retourne une toile magistrale de l'époque du cubisme analytique, presque blonde.

« Je vais faire retourner les grandes », dit-elle en sortant.

Je regarde la toile blonde. Le cubisme analytique cherchait l'autre. Un faîte aigu ordonne la " composition ", encadre des facettes comme pour rivaliser avec la *Tête* de Penrose, triangle de bandes colorées. Ce Braque date des mois où les deux camarades peignaient ensemble. Il pourrait être un Picasso très séduisant. Qui eût pensé, alors, que Braque mourrait devant ses toiles réconciliées, et Picasso, au milieu des *Homme à l'épée* corrosifs dont l'affiche annonçait l'exposition au Palais des Papes?

Il m'avait parlé de Braque, au temps où il achevait *Guernica;* il venait de cesser de peindre, l'expression tendue de son visage avait disparu. Il nous avait montré, à José Bergamin et à moi, les dessins posés contre la grande toile (dans l'atelier, elle semblait immense) : « Je voudrais qu'ils montent se placer dans la toile, en grimpant tout seuls, comme des cafards! » Nous avions parlé de l'Espagne, de peinture; il en était venu à la confidence la plus révélatrice que j'aie entendue de lui :

« On parle toujours de l'influence des Nègres sur moi. Comment faire? Tous, nous aimions les fétiches. Van Gogh dit : l'art japonais, on avait tous ça en commun. Nous, c'est les Nègres. Leurs formes n'ont pas eu plus d'influence sur moi que sur Matisse. Ou sur Derain. Mais pour eux, les masques étaient des sculptures comme les autres. Quand Matisse m'a montré sa première tête nègre il m'a parlé d'art égyptien.

« Quand je suis allé au Trocadéro, c'était dégoûtant. Le marché aux Puces. L'odeur. J'étais tout seul. Je voulais m'en aller. Je ne partais pas. Je restais. Je restais. J'ai compris que c'était très important : il m'arrivait quelque chose, non?

« Les masques, ils n'étaient pas des sculptures comme les autres. Pas du tout. Ils étaient des choses magiques. Et pourquoi pas les Égyptiens, les Chaldéens? Nous ne nous en étions pas aperçu. Des primitifs, pas des magiques. Les Nègres, ils étaient des intercesseurs, je sais le mot en français depuis ce temps-là. Contre tout; contre des esprits inconnus, menaçants. Je regardais toujours les fétiches. J'ai compris : moi aussi, je suis contre tout. Moi aussi, je pense que tout, c'est inconnu, c'est ennemi! Tout! pas les détails! les femmes, les enfants, les bêtes, le tabac, jouer... Mais le tout! J'ai compris à quoi elle servait, leur sculpture, aux Nègres. Pourquoi sculpter comme ça, et pas autrement. Ils étaient pas cubistes, tout de même! Puisque le cubisme, il n'existait pas. Sûrement, des types avaient inventé les modèles, et des types les avaient imités, la tradition, non? Mais tous les fétiches, ils servaient à la même chose. Ils étaient des armes. Pour aider les gens à ne plus être les sujets des esprits, à devenir indépendants. Des outils. Si nous donnons une forme aux esprits, nous devenons indépendants. Les esprits, l'inconscient (on n'en parlait pas encore beaucoup), l'émotion, c'est la même chose. J'ai compris pourquoi j'étais peintre. Tout seul dans ce musée haffreux, avec des masques, des poupées peaux-rouges, des mannequins poussiéreux. *Les Demoiselles d'Avignon* ont dû arriver ce jour-là mais pas du tout à cause des formes : parce que c'était ma première toile d'exorcisme, oui!

« C'est pour ça que plus tard j'ai peint aussi des tableaux comme avant, le *Portrait d'Olga,* les portraits! On n'est pas sorcier toute la journée! Comment on pourrait vivre?

« C'est aussi ça qui m'a séparé de Braque. Il aimait les Nègres, mais, je vous ai dit : Parce qu'ils étaient des bonnes sculptures. Il n'en a jamais eu un peu peur. Les exorcismes ne l'intéressaient pas. Parce qu'il ne ressentait pas ce que j'ai appelé Tout, ou la vie, je ne sais quoi, la Terre? ce qui nous entoure, ce qui n'est pas nous, il ne le trouvait pas hostile. Ni même, figurez-vous! étranger! Il a toujours été chez lui... Encore maintenant... Il ne comprend pas du tout ces choses-là : il n'est pas superstitieux!

« Après, il y a eu une autre question. Braque fait sa peinture en réfléchissant. Moi, pour ma préparation, j'ai besoin des choses, des gens. Il a de la chance : il n'a jamais su ce que c'est, la curiosité. On confond bêtement avec l'indiscrétion. C'est une maladie. Une passion, parce qu'elle a aussi des avantages. Il ne connaît pas la vie : il n'a jamais eu envie de tout faire avec tout... »

Comme si elle répondait à mon souvenir, Jacqueline, qui revient accompagnée de Nounours, et me voit devant le tableau, dit :

« Pablo aimait bien celui-là. Mais il trouvait que Braque n'aimait pas la bagarre... Ce qu'ils ont pu s'engueuler! »

Je sais. Il en reste ce tableau fraternel, que Picasso aurait pu signer...

Je ne vois rien de Léger. Tous trois s'étaient rencontrés en face de Cézanne comme bien d'autres. Léger, lorsqu'il illustrait pour Kahnweiler mes *Lunes en papier,* m'a montré une grande toile, enchaînement de volumes vert sombre, et la *Noce,* beaucoup plus libre, dont j'aime encore la tache framboise : « C'est la sortie de Cézanne. » Les cubistes ont découvert ensemble, après l'éphémère théorie de la représentation des objets sous toutes leurs faces, la fécondité du signe.

Nounours commence à retourner les grandes toiles. Deux portraits par Mirô, un par Modigliani. La grande *Yadwiga* du Douanier est dégagée des châssis qui la cachaient jusqu'au cou. Voici le *Roi étranger visitant l'exposition universelle.* Je ne vois pas *Le Parc Montsouris.*

« Dans l'atelier des Grands-Augustins, les *Oranges* était entre *Le Parc* de Rousseau et un Balthus.

— On a laissé le Balthus dans une autre pièce, dit-elle. Je dois le faire transporter, mais il est grand. *Le Parc Montsouris,* je ne me souviens pas. »

Un grand Renoir, surprenant : les jambes de la

femme ont l'importance arbitraire des membres des " grosses femmes " que Picasso a peintes à Rome, et dont il grommelait : « C'est à cause de Michel-Ange! »

Le grand Le Nain. J'en reconnais le bœuf noir dès que Nounours le retourne : il était dans la salle à manger de mon père, à Bois-Dormant. Il appartenait à une belle-tante, qui l'a vendu par mon entremise à Kahnweiler, qui l'a vendu à Picasso. Le monde est petit. Nounours retourne un autre châssis.

« Oh! ce n'est pas un bon Courbet, dit Jacqueline. Je ne sais pas pourquoi Pablito l'avait acheté.

— A cause des cornes? »

Une tête de chevreau, médiocre en effet, mais dont l'œil, et la tache allongée du pelage qui le continue sont aussi noirs que les cornes irréelles, parentes de celles des taureaux de Picasso. Voici d'autres cornes; quand Jacqueline a retourné le châssis, elle a dégagé une céramique où rit un chèvre-pied.

« Je croyais qu'aucune œuvre de lui ne faisait partie de sa collection?

— Oui. La céramique était là, on ne l'a pas transportée : elle est lourde. Maintenant, vous avez tout vu. Donnez-moi un conseil. L'administration me demande de mettre les Le Nain avec les autres Le Nain, les Matisse avec les autres Matisse... Pourtant, il avait toujours dit que ses tableaux devaient rester ensemble...

— Vous ne pouvez passer outre aux conditions qu'il avait posées. Le Louvre ne reçoit pas une collection Picasso tous les matins, et on perdrait plus qu'on ne gagnerait à la disperser. Les Cézanne sont beaux, mais Picasso les a sans doute aimés parmi d'autres. Alors que la grande toile de Renoir est un Renoir particulier, apparenté aux femmes massives de la période romaine; la figure de Corot dont la place de la tête est restée vide n'a pas de sœur, le petit Le Nain non plus; ce sont les cornes des taureaux de Picasso, qui donnent son sens au Courbet... Le seul Chardin que la poussière fasse ressembler à Goya, c'est bien le sien!

— Et puis, sa collection, il voulait la dédier " Aux jeunes peintres ". Il y tenait beaucoup. Si on la disperse... Autre chose : j'ai l'intention de donner ses Nègres au Musée de l'Homme, mais je voudrais qu'on ne les sépare pas non plus.

— Donnez-les, aux conditions qu'il avait fixées pour sa collection de tableaux... D'ailleurs, le Musée de l'Homme est beaucoup plus libre que le Louvre... »

Ses masques formeront vraiment un florilège, comme les " Picasso de Picasso ". Ce que les tableaux de sa collection ne forment pas. Ils me font penser aux meubles que nous conservons après plusieurs déménagements, les uns parce que nous les aimons ou en mémoire des amis qui nous les ont donnés, les autres parce qu'ils se sont trouvés là. Les Cézanne, le Matisse, le Braque, le Derain (vers 1923, pour nous le rival de Picasso était moins Braque, que le Derain de *La Cène* et du *Chevalier X)* sont sans doute liés à des moments de sa vie; mais aucun tableau n'évoque le temps des *Demoiselles d'Avignon*. Il est vrai que des sculptures nègres se sont réfugiées dans les coins ou sous les meubles. Parmi ses successeurs, Balthus et Miró sont-ils élus par le choix, ou par l'amitié?

L'absence des deux peintres qu'il aimait "autrement que les autres" me surprend :

« Ni Goya ni Van Gogh?

— Ça ne s'est pas trouvé... Peut-être que Pablo n'a pas beaucoup cherché. Est-ce qu'il aurait aimé les voir ici, je ne sais pas...

— Pourtant, Cézanne?

— Vollard avait des Cézanne, Pablo a fait un échange. Cézanne, il l'admirait; Van Gogh, il l'aimait. »

Je savais quels tableaux célèbres je trouverais ici. Mais j'imaginais, autour d'eux, je ne sais quel musée des arts inconnus. Peut-être parce que, dans ses ateliers, il mêlait ses tableaux anciens à ceux qu'il venait d'achever; peut-être parce que je ne tirais pas toujours au clair le dialogue de ses sculptures avec ses fétiches ou ses statuettes de haute époque. Le plus ancien des tableaux que je viens de regarder est vieux de quelques siècles; la *Vénus* de Lespugue, qu'il m'a montrée aux Grands-Augustins, de vingt ou trente millénaires...

Sa collection ne lui ressemble pas. Pourquoi ne ressemblerait-elle pas à celle de Cézanne — à quelques exceptions près, dont les Nègres? Mais cherchait-il ce qui lui ressemblait? Jacqueline a certainement raison. Il m'avait dit, il y a trente ans : « Ce que j'aime et ce que je veux avoir chez moi, ce n'est pas la même chose. Je suis un peintre; je suis aussi un amateur qui me donne des conseils quand je peins; ils sont mauvais. » Il a peint parfois avec sa collection, parfois contre elle. Quoi de commun, entre la sérénité de son Matisse, même de son *Château noir,* et son conflit incurable avec ce qu'il appelait la nature : « Il faut bien qu'elle existe, la nature, pour qu'on puisse la violer! » Combien de fois a-t-il dit, tantôt avec joie, tantôt avec colère, tantôt avec surprise : « La peinture, elle me fait faire ce qu'elle veut... »

Sa collection, c'était la peinture des autres... Mais quel petit jeu, comparé à tout ce qu'il a ressuscité ou légitimé, depuis les fétiches jusqu'à Sumer, en passant par l'Océanie!

Son chèvre-pied qui rit semble rire de tous ces

tableaux. Le farfelu de céramique dit que l'unité de l'œuvre d'un peintre est celle de son style. Les manières successives de Picasso se suivent dans le sien comme les accès dans la rage : son style, c'est cette succession. Je lui parlais un jour du haschisch, dont l'action spirituelle m'a beaucoup intéressé au Cambodge et au Siam, pays de service religieux obligatoire.

« Moi, dit-il, j'en ai pris une fois, au Bateau-Lavoir. Dégoûtant! Pendant des heures, j'ai eu la certitude qué jé peindrais toujours de la même façon. »

La continuité du style, c'était l'enfer.

Il grognait : « A bas le style! Est-ce que Dieu a un style! Il a fait la guitare, l'arlequin, le basset, le chat, le hibou, la colombe. Comme moi. L'éléphant et la baleine, bon, mais l'éléphant et l'écureuil? Un bazar! Il a fait ce qui n'existe pas. Moi aussi. Il a même fait la peinture. Moi aussi. » Sa condamnation de la continuité du style était plus profonde, et plus obscure, que sa boutade. « Je n'ai pas de vrais amis, je n'ai que des amants! Sauf peut-être Goya, et surtout Van Gogh. » Mais qu'avaient tenté durant toute leur vie Goya et Van Gogh, et tous ceux dont les tableaux forment sa collection, et le Greco, Rembrandt, Velázquez, Delacroix, Courbet avec lesquels il s'est mesuré, sinon approfondir leur art? Le Derain de la bonne époque, Matisse, Rouault, Braque, Chagall prennent appui sur leurs dernières créations, montent leur escalier marche à marche. La création de Matisse ou de Chagall s'élabore par les mêmes voies que celle de Piero della Francesca ou de Rembrandt. Ils ne savent pas tout à fait ce qu'ils entreprennent quand ils commencent un tableau, puisque tout tableau " devient ", par le seul fait de le peindre. Mais l'étage à construire s'appuie sur les étages construits. Même quand leur pouvoir les abandonne, ils le connaissent. Picasso seul veut remplacer le prochain étage par une échelle ou par une balançoire — et s'envoler ? « Ma petite fille qui saute à la corde, la sculpture, comment la faire tenir en l'air, puisqu'elle saute ? J'ai appuyé la corde sur le sol. Personne ne s'en est aperçu. » Qui donc, excepté Picasso après *Les Demoiselles d'Avignon,* a osé interdire à l'approfondissement, de gouverner seul la succession de ses manières ? Le principe : " On doit tout faire, à la condition de ne jamais recommencer ", ne mène pas où vont les autres peintres. " Aller plus loin ", non plus, au sens où il l'entendait. « Plus loin, mais dans son propre sens », répondait Braque. « C'est ce que je fais. Pourquoi chercherais-je à être dans ma peinture ? J'y serai toujours, puisque c'est moi qui la peins. » Il aurait pu ajouter : et qui la dépasse.

Je pense à *La Grande Charrue* devant laquelle Braque est mort. Comment le mot art, dont l'esthétisme fausse d'ailleurs le sens, exprime-t-il à la fois l'acte créateur de Picasso et celui de ses rivaux? Quelle relation entre sa dernière exposition au Palais des Papes, celle de Braque au Louvre, celle des toiles inachevées de Rouault au Salon Carré, le *Message biblique* de Chagall à Nice? L'accord fondamental de Braque avec le cosmos (cosmos veut dire ordre...), ses tableaux affectueusement liés à la peinture, n'est pas réduit au silence par la voix la plus insoumise que l'art ait connue. Tout l'œuvre de Picasso serait un hurlement, si ses tableaux n'échappaient au hurlement par leur création même : un supplice peint par Goya n'appartient plus aux supplices, mais à la peinture.

Après la mort de Braque, il semblait que son esprit fût revenu ranger son atelier. Ici, un génie sans remède veille sur les images qu'entassa son passage de trombe, tas de feuilles plaquées par l'ouragan de la mort.

« Où sont allées les sculptures, après l'exposition du Petit Palais?

— Beaucoup sont ici. Vous voulez les voir? »

*

Les deux niveaux étroits de la longue salle sans meubles sont reliés par des marches. Derrière les fenêtres à la lumière de soupirail, des ombres confuses de statues, en silhouette sur le jour pourtant radieux, au-delà d'un foisonnement immobile et inextricable de bronze, de pierre, de plâtre, de matières vernies, que *Le Chat* doré, queue en l'air, garde à mes pieds. Au-dessous, le même grouillement, plus grand et continu, comme un étage noble sous un rang de mansardes. En surgit un moulage de *L'Esclave prisonnier* de Michel-Ange. Je sais bien que ce sont les sculptures de Picasso; et je les avais vues, en désordre, lorsqu'on les avait apportées au Petit Palais. Mais des socles les attendaient, chacune allait devenir une sculpture, hors des camions où on les avait disposées en rang. Elles venaient de la vie, comme si Picasso allait demain en créer d'autres. Alors qu'ici, la mêlée de leurs formes vient d'une mort véhémente, dont la sorcellerie susciterait cette multitude de Jugement dernier qui lui appartient plus qu'à la terre. Je pense à Saül prosterné pendant qu'une pieuvre d'ombre monte dans la caverne d'Endor : " L'ombre de Samuel... " Je pense aussi au serpent constellé qui déroulait dans les grottes de l'Inde ses invisibles anneaux à l'heure où Çiva épousait la déesse aux yeux de poisson; la psalmodie de la *Bhagavad* et les cris lointains des grands oiseaux de la mer d'Oman (ici, les pépiements entrecroisés des moineaux emplissent la pièce, comme je les ai entendus emplir le Ramesseum...) se mêlaient dans l'obscurité où les trois visages colossaux de la plus célèbre *Majesté* de l'Inde régnaient sur leur peuple d'outre-monde. Ici, au plus haut du tas frémissant, règne la conductrice de la *Poussette*. Séparée de sa voiture d'enfant presque recouverte par des hérissements de bronze, des tessons, des socs, des cornes de masques nègres, elle devient l'Esprit de la cohue arrachée à son furieux sommeil. Un bras cassé, l'autre en avant, Aurige de Delphes sans char ou Coré sans offrande, la crosse solennelle de sa coiffure vaguement orientale au-dessus de ses yeux d'insecte, on ne sait si elle veille sur ces pierres d'abîme et ces chardons mêlés par le vent de l'au-delà, ou si au contraire elle vient de naître d'eux. Un échafaudage de baguettes peintes, à la fois décor géométrique et marionnette pour un guignol de démons enfants, ressemble à une épure parmi ces formes rugueuses ou convulsées. Il s'appelle *Personnage*. Ce ne sont pas des formes étranges (presque toutes me sont familières) qui, peu à peu, se dégagent de ce lieu hanté; malgré *L'Esclave blanc,* rien de l'insolite surréaliste, toujours soumis à l'imaginaire qu'il invente ou capture. Celui de Picasso vient du combat que ses figures livrent à la Création. Fort étrangères aux diables, aux funérailles de l'Amour sur un fond d'incendies, aux mannequins méditatifs, paysages lunaires, montres molles et girafes en feu, villes de silence abandonnées par des civilisations inconnues. L'insolite de Picasso ne naît pas de rencontres saisissantes d'objets, car les objets rapprochés n'y représentent pas un monde fût-il inconnu : ils expriment un monde qui ne peut exister que par la sculpture. Les seins de la *Fillette sautant à la corde,* faits de paniers, ne sont plus des paniers, les chaussures (vraies) ne sont plus des chaussures. « J'ai souvent employé les morceaux d'un journal dans mes papiers collés, mais pas pour faire un journal. » La fillette n'appartient pas au fantastique (quelle œuvre de Picasso appartient réellement au fantastique?) mais au monde que l'art seul peut créer. Les spectacles du surréalisme imitent ce qui n'existe pas; les formes de Picasso l'inventent.

Quoi de plus étranger aux spectacles, que ces galets lisses et ces rochers, ces oursins, apparentés comme dans les grandes profondeurs? Peuple d'une même planète, sculptures-de-Picasso à la manière dont les animaux les plus différents sont des animaux-de-la-vie. La planète de « Je créerai les formes qui n'existaient pas, qui n'auraient jamais existé sans moi ». Leur stridence couvre l'orchestre des formes de la terre. Telle œuvre ressemble au moulage d'une main, telle autre à celui d'une feuille; la *Tête* pour le monument d'Apollinaire a été celle de Dora Maar, le chat est presque un chat. Les fleurs de bronze sont-elles presque des fleurs? Devant un grand contreplaqué, une renoncule isolée sort d'une boîte de laitier, en face de *L'Esclave,* comme un projet pour un *Tombeau de la sculpture.*

Peu à peu les formes se précisent, non parce que mon regard s'accommode, mais parce que mon esprit, en les reconnaissant, les délivre de leur enchevêtrement. Les plus célèbres sortent de la brousse de cuivre parce qu'elles sont les plus hautes, et que presque toutes semblent noires. Elles sont des statues; que sont les autres? Picasso voyait-il en l'*Homme au mouton,* œuvre fort étudiée qu'il choisit pour la place de Vallauris, le *Guernica* de sa sculpture? La *Femme enceinte* rivalise-t-elle avec la *Vénus* de Lespugue, dont il avait fait faire un moulage? La *Figure au vase* n'est pas moins élaborée. Jacqueline en a placé une fonte sur le gazon funéraire de Vauvenargues. Elle m'en montre une photo : l'édifice même, murs rocailleux aux tourelles écrasées de castel espagnol, est devenu mausolée. Elle veut l'emplir de ses toiles, et quel tombeau serait davantage selon son cœur? Ici, tous les grands nus voisins de la *Figure,* si peu des nus! entourent un *Homme au mouton,* tranché à la taille, et séparé de ses jambes voisines, par des fleurs carnivores. Dehors, une fonte intacte projette son ombre à travers la fenêtre. Au Musée Imaginaire, une salle Picasso les accueille déjà.

Autour d'elles, volettent les souvenirs du *Verre d'absinthe,* du *Manager* de *Parade,* les figures de papier, la *Sculpture à la plante et à la corne,* le *Radiateur.* Et surtout, devant moi, cette brousse qui mêle à mes pieds son entrelacement de crocs semblable à celui des plaques scythes où les rapaces déchirent les soubresauts des tigres. Elle monte à l'assaut des statues moins délivrées qu'elle. Les bouquets semblent plus nombreux que les têtes, parce qu'ils se ressemblent; comme si elles avaient été jetées aux chardons et aux orties. Celles dont la racine du nez est arrachée du front, avec leurs yeux en demi-boules et leurs volumes de monnaies gauloises : énormes virgules, cornichons, poires courbes, sont encore des sculptures. Comme les grandes formes blanches dressées dans l'ombre claire du Midi après l'avoir été dans son atelier de Boisgeloup, destructrices de tout équilibre, et d'abord de celui que la vie doit si souvent à la symétrie des feuilles, au tronc qui ordonne la folie des branches. Il y a les figures ironiques, le *Buste de guerrier* au casque en balai de chiendent qui, sans l'accent de la création, semblerait se moquer de la sculpture, de son sujet et même de son auteur, puisqu'il ricane des héros romains que Picasso peindra seulement trente ans plus tard. Il y a les délégués de l'inconnu. Voici les fontes de la *Femme à la poussette* qui m'a secoué lorsque je l'ai vue exposée chez Kahnweiler, de la *Fillette sautant à la corde* sans assise et sans pesanteur, négation sardonique de la statuaire.

L'original de chacune, bois, plâtre, carton, examine sa fonte noire comme nous regardons notre ombre. Le vernis de la sauteuse en fait un grand jouet menaçant.

Des jouets de Picasso, il y en a quelques-uns devant moi, beaucoup dans ma mémoire : avec quoi n'a-t-il pas joué? Ils ne dévoilent pas sa création, ils la cachent. La selle aux cornes de guidon, l'ibis-patinette ne sont point l'expression la plus aiguë du génie qui suscita la *Femme à la poussette* ou celle *au feuillage*. Pas plus que les ready-made ne sont des tableaux de Marcel Duchamp, épurés. Picasso a joué à faire une bonne femme avec l'enveloppe d'un paquet de cigarettes; il a joué aux ready-made, parce que ceux-ci naissent d'un regard parent de celui qu'il jette sur tous les objets; encore le jette-t-il pour les capturer. C'est à l'inépuisable proposition de la vie, que le bouquet sauvage de la mort oppose soixante ans de réponses victorieuses ou traquées.

La vie le surprenait. Lorsque, en promenade, il interrompait la conversation pour arracher une branche ou ramasser un caillou, il ne cherchait pas un modèle, il cherchait « cé qué yé pourrais bien en faire ». Ce qui voulait peut-être dire, car il développait rarement ses percutantes boutades : je cherche comment cet objet pourrait m'aider à faire éclater le monde de la peinture, ou de la sculpture. La branche reparaissait dans la *Femme au feuillage,* en connivence avec des volumes géométriques. Il n'avait pas emporté le caillou pour l'admirer, mais pour le graver. Son fameux « Je ne cherche pas, je trouve » exprime peut-être moins d'orgueil que d'étonnement. Il a pourtant quelquefois cherché, au sens traditionnel. Nous connaissons ses études pour l'*Homme au mouton,* les états successifs de la *Femme au feuillage.* Mais il disait aussi que la peinture lui faisait faire ce qu'elle voulait. Et la sculpture. La branche s'acoquinait toute seule à l'un des objédérébus (objets de rebut) qu'il chérissait. « On ne pouvait pas laisser traîner un bout de ficelle sans qu'il en fasse quelque chose! », dit Jacqueline. « La sculpture a plusieurs âmes », affirmait-il. Sans doute la métamorphose était-elle la première.

« Je ne vois pas le *Faucheur?* »

C'est le bronze, souvent reproduit, dont l'œil unique, au centre de la tête, est figuré par l'empreinte d'un moule à pâtés de sable; une branche bifide en forme le tronc et les jambes, et un moignon végétal y dirige une faux vers le sol, avec le geste de la Mort. Je voulais en faire le monument aux *Fleurs du mal,* à la pointe de l'île Saint-Louis.

Il doit être à " La Californie ", à Cannes...

Parmi les jouets et les objets que Picasso appelait sculptures involontaires, le *Faucheur* régnerait comme la haute *Femme à la poussette* règne ici sur son peuple de formes arrachées à la vie. Entouré de ce qui ne parle pas, il semblerait hurler. Il n'est nullement le frère des ready-made mais bien de la célèbre *Tête de mort,* sur laquelle j'ai failli tomber dans l'obscurité de son atelier, galet abandonné par le reflux de la vie. Inexplicablement, les fleurs carnivores ressemblent au crâne lisse.

Fleurs et crâne se mêlent, sur la même planète, à la végétation antivégétale qui pousse hors du ciment son peuple métallique de tournesols cambrés, de capsules, de chiendents, de champignons aux oreilles recourbées, comme les ronces des coraux investiraient de gros galets étoilés d'astéries. Cette végétation de bronze semble l'âme des galets, qu'elle ne recouvre pas. Les épines de sa herse et ses pétales massacrés expriment la vie comme l'expriment les muscles révulsés, comme l'invisible geste qui fait craquer les branches et lacère les feuilles, transforme l'arbre en fagot parce qu'aucun dieu ne peut faire pousser des fagots, — fagots qui appellent le bûcher comme l'appellent toutes ces scories et ces tisons. Volonté de création d'autant plus sauvage qu'elle combat la Création tout court, et le sait.

Sans rompre avec elle, pourtant, le lien allusif du signe, venu de ses tableaux. A la limite de l'allusion dans les deux *Femme* de Vallauris de 1948. Idéogrammes menaçants du combat, emblèmes de bronze plus tordus par le feu que l'aigle hitlérienne après la prise de Nüremberg, — symboles ravagés de Picasso lui-même, comme le bronze de son poing crispé par la force ou par le supplice. Il advient aussi que le signe magique, peinture ou sculpture, suscite son adversaire hors de l'œuvre : lorsque Picasso dresse dans le jardin de " La Californie " ses grandes céramiques, sculptures plates, dessins cernés, qui ne portent qu'en elles-mêmes leur raison d'être, elles semblent harceler les arbres pour les entraîner dans leur univers.

Leurs modèles réduits se distinguent à peine des autres sculptures. Car le langage secret de toutes ces œuvres est celui de leur unité. La constance du combat implique au moins une parenté des formes de combat. Celles-ci se ressemblent en ce qu'elles ne ressemblent pas aux autres. Bien entendu, le Musée Imaginaire rôde ici. Picasso réagit à la découverte des œuvres comme à celle des objets et des sentiments; il emporte la feuille dans sa réserve d'écureuil, accueille dans ses toiles les colombes de son atelier de Paris, de son jardin de Cannes; il les accueille aussi dans sa sculpture, avec sa guenon, son crâne de taureau, son verre, ses hiboux. Il s'approprie tout ferment de métamorphose, et change en crâne de la guenon, une petite auto d'enfant. Mais il ne s'approprie ni les fétiches ni les dieux des hautes époques; il n'introduit pas la longue figure étrusque dans une sculpture, il se bat avec elle. En une rivalité meurtrière, à mille lieues du jeu subtil par lequel Braque illustre Hésiode. Il rivalise même avec la feuille? Je sais. (Dieu aussi est un très grand créateur de formes, « bien qu'il n'ait pas de style ».) En vain d'abord. Il ne lui suffit pas de la métamorphoser en objet pour la posséder : son acharnement y parviendra pourtant dans la *Femme au feuillage*. Envoûté par l'immémorial, car les formes historiques sont absentes de sa sculpture, malgré cet *Esclave* blanc, personnage de Chirico plus que statue de Michel-Ange — échoué ici en tant que Michel-Ange, ou en tant qu'Esclave? « Michel-Ange, il est un héros garrotté », disait Picasso. Moins que lui. Je pense au Viking jeté par les chrétiens dans un tonneau de vipères, hurlant son chant de guerre en dressant vers le ciel ses bras flagellés de serpents. Je me souviens aussi de sa découverte du Trocadéro, au sein du géant Musée de l'Homme, qu'est devenu notre Musée Imaginaire. Ses sculptures appellent le peuple des figures sacrées, qui nous assaillent *parce que* nous ne savons pas ce qu'elles signifient. Les Doubles égyptiens qui ne sont plus des morts, les dieux de Sumer auxquels nous ne croyons pas, ceux de l'Inde, de l'Extrême-Orient et du Mexique, les mêlées de fauves des cavaliers nomades, les saints que nous ne prions plus, les masques et les fétiches qui ne sont plus des esprits. Mais la sculpture de l'Acropole, des grottes chinoises, des églises romanes, du tombeau de Florence reconnaît ses compagnons royaux dans les basaltes sumériens de Goudéa, à la fois adorants, dieux et temples. Les envoûtements de Picasso s'accordent aux arts sauvages, à des idoles mexicaines et préhistoriques; la statue qui veille sur eux n'est pas un prince chaldéen monumental, c'est le totem arraché à sa poussette, un dieu en forme d'instrument de torture.

A-t-il su qu'il rivalisait avec le sacré? L'emmêlement de ces chardons de bronze sur les galets des têtes, leur négation de l'apparence, non moins véhémente que celle des Fécondités sumériennes ou des fétiches à clous, proclament que cette négation ne se réclame pas seulement de la sculpture, mais aussi d'une sorcellerie de fétiches ou de Fécondités.

L'artiste figure les hommes selon les dieux. Le Portail Royal de Chartres est plus chrétien que les chrétiens qui ont prié ses saints. L'assemblée en corbeille des corés de l'Acropole est plus grecque que ne fut l'agora. Le peuple des Doubles est plus égyptien que ne fut l'Égypte. C'est pour exprimer les valeurs suprêmes de leur civilisation, que les arts sacrés ont subordonné l'apparence. Mais ils la possèdent ou la transcendent, ils ne la détruisent pas. Comme eux,

Picasso rejette le monde de l'apparence, lui substitue celui de sa création. Mais quel Christ suscite ses icônes, quels Morts, ses fétiches ? Il est le possédé d'un sacré qu'il ignore.

Voici, léguée par l'amitié, une statue de Manolo. (Je crois que je possède encore deux bas-reliefs de lui quelque part.) Intruse, mais révélatrice. Manolo, Maillol, les sculpteurs cubistes, même Giacometti, se réfèrent à la " sculpture ", veulent faire entrer leurs œuvres dans son Musée Imaginaire. Picasso a voulu les y précéder, il a aussi voulu le détruire. Tout grand artiste détruit en lui l'œuvre de ses maîtres directs ; le vrai maître de Picasso, le rival à détruire, est devenu assez tôt ce Musée. C'est pourquoi beaucoup de ses sculptures, vers 1930, ne se réfèrent plus à la sculpture, plans et volumes, mais à la sculpture-de-Picasso, monde clos auquel de jeunes sculpteurs se réfèrent comme d'autres au Musée Imaginaire, comme leurs ancêtres au classicisme. Ce que nos contemporains appellent la sculpture de toujours, depuis les sumériens jusqu'à Henry Moore, n'y pénètre pas. Nous n'y rencontrons guère que l'énigmatique liberté de certaines figures sauvages : masques eskimos, dogon, de la Nouvelle-Bretagne ou de la Papousie, silex mayas, urnes zapotèques.

Jacqueline regarde rêveusement la mêlée des sculptures. Plusieurs semblent des Ancêtres inconnus.

Un masque africain violet passe ses cornes poussié-reuses sous la *Fillette à la corde,* comme s'il tentait de s'enfuir. Mais cette *Fillette,* la *Femme au feuillage* sont étrangères même aux graffiti réfugiés sur les géo-métries africaines, à la fantasmagorie océanienne : l'esprit de Picasso veut se délivrer aussi des formes qu'ont inspirées les esprits, n'attendre que de lui, sa propre magie.

« Tiens! », dit Jacqueline.

Elle vient de trouver une fonte du *Faucheur.* Mon souvenir l'avait rapetissé, car les photos en font un bronze de vitrine. J'avais oublié aussi que l'hémi-sphère creusé par le moule à pâtés, pour suggérer la tête, porte en son centre une face minuscule.

« La face est donnée par le moule?

— Oh non : il l'a ajoutée! Il changeait presque tou-jours ce qu'il avait commencé. Au début, il n'y avait pas non plus la faux. Il disait : " Ça m'est venu comme ça... "

— Autrefois, je l'ai vu accueillir certaines idées parce qu'elles ne pouvaient venir que de lui; d'autres, parce qu'elles venaient de très loin. La faux suggère évidemment la mort; c'est pourquoi cette figure agrandie, m'avait paru si bien convenir à Baude-laire... »

Dans la *Tête de mort,* les trous des orbites s'opposent à une bouche vivante, sans dents et sans lèvres : un seul trait ricanant. Et le fétiche de la *Poussette,* avec son enfant aux jambes nouées en choupette et ses yeux de mouche géante, appartient au même domaine que la minuscule face perdue dans l'ombre en côtes de melon du *Faucheur.*

« Il était très sensible à des formes extrêmement anciennes, dis-je, qui ont traversé les civilisations : le crâne de mort, le taureau du Soleil, le cheval de la Mort... Ces deux-là sont dans *Guernica.* Il était ravi d'avoir accouplé une selle et un guidon, mais il était encore plus ravi d'en avoir fait un taureau... Il aimait bien moins l'ibis-patinette. Vous savez qu'on a découvert des Clefs des Songes à Babylone et en Chine. »

Elle m'interroge du regard.

« On y trouve une sorte d'inventaire des songes qu'elles interprétaient. C'est presque le même matériel que celui de Freud. Surtout pour les cauchemars. Les civilisations s'enfouissent les unes les autres; un sculpteur babylonien n'aurait certainement rien compris à Picasso qui retrouve les formes de ses démons et de ses Fécondités; mais nous rêvons des mêmes pieuvres et des mêmes araignées que les Babyloniens. Et l'araignée des cauchemars est l'un des plus anciens animaux de la terre... »

Avant le départ de *Guernica* pour le pavillon de l'Espagne républicaine, j'avais dit à Picasso : « Nous ne croyons guère aux sujets; mais il faut reconnaître que cette fois, le sujet vous aura bien servi! » Il me répondit qu'en effet, il ne croyait guère aux sujets, mais qu'il croyait aux thèmes — à condition de les exprimer par des emblèmes : « On peut exprimer la mort par le *Tres de Mayo;* ou par le crâne, on le fait depuis longtemps... mais pas par un accident d'auto. » Il appelait thèmes (je cite) la naissance, la grossesse, la souffrance, le meurtre, le couple, la mort, la révolte, peut-être le baiser. Bien qu'ils prissent les formes des époques, on les rencontrait dans presque toutes. On ne pouvait jamais les exprimer sur commande, mais quand un grand peintre les rencontrait, ils lui donnaient du génie. « Ils viennent de plus loin que la civilisation... » *Guernica* l'avait mené à étudier les *Fusillades du 3 Mai.* « Le ciel noir, il n'est pas un ciel, il est du noir. L'éclairage, il y en a deux. Un qu'on ne comprend pas. Il éclaire tout, comme un clair de lune : la sierra, le clocher, les fusilleurs qui devraient être à contre-jour. Mais il éclaire bien plus que la lune. Il n'a pas sa couleur. Et puis, il y a l'énorme lanterne par terre, au centre. Elle, qu'est-ce qu'elle éclaire? Le type aux bras dressés, le martyr. Vous regarderez bien : elle n'éclaire que lui. La lanterne, c'est la Mort. Pourquoi? On ne sait pas. Goya non plus. Mais Goya, lui, il sait que ça doit être comme ça.

— J'ai toujours eu l'impression d'un tableau

envoûté, lui répondis-je. Envoûté par quel surnaturel, je ne sais pas. Surtout pendant la guerre d'Espagne, parce que l'homme aux bras dressés symbolisait nos copains. Je ne pensais pas à l'éclairage, je
pensais à ce grand geste des bras en V. Depuis, nous
avons vu le geste du général de Gaulle ; et les doigts de
Churchill. Pendant la guerre civile, V ne voulait pas
encore dire Victoire. Mais les bras dressés ainsi, nous
les connaissions bien, ce sont des bras des crucifixions
où la croix est un arbre fourchu... » Il ajouta : « Ici,
j'ai un squelette de chauve-souris, ailes étendues.
C'est très joli, très fin. Je ne m'étais pas aperçu que
c'est aussi une crucifixion ; une crucifixion formidable... »

II

Jacqueline me conduit dans une autre pièce.

Le même amoncellement menaçant que celui des sculptures. Mais les toiles, accumulées contre les murs, forment le long de l'étroit passage laissé entre elles, une exposition bord à bord; et cette exposition cache les toiles quinze fois plus nombreuses qui se recouvrent, pages d'album sous des couvertures de Picasso. Je commence à rabattre les tableaux vers moi. Ceux qu'il a peints avant 1966 figuraient au Grand Palais. Je les y ai vus, comme les sculptures au Petit; ils semblaient s'y soucier du spectateur. Ici, les piles de toiles sont endormies.

Presque tous les tableaux de 1972 ont été envoyés au Palais des Papes. La virulence de ceux qu'on en a rapportés n'attaque pas le musée Picasso : elle l'isole autant que le fait sa mort. Un monde sépare les *Mousquetaires,* les idéogrammes rageurs qui ont succédé au *Peintre et son modèle,* du musée dédié au cubisme et à ses œuvres d'accompagnement par les tableaux que je dégage un à un, et par ceux dont je me souviens, depuis *Ma Jolie* jusqu'à *Guernica* toujours à New York. Les papiers collés que l'on accueillit comme une éruption géométrique continuent mieux Cézanne, et Seurat, que les portraits ingristes ou celui d'Olga. Les natures mortes, depuis celles de 1912 jusqu'aux natures mortes à la bougie et aux objets cernés, peintes après la guerre, ont pris une imperturbable unité, emplissent le tableau ou le gouvernent. Je pense aux réserves des musées. A celles du Louvre où nous regardions, Georges Salles et moi, les blancs de la *Douleur* de Cézanne reparaître sous le vernis brun appliqué par le donateur pour accorder Cézanne à ses toiles anciennes : le " vernis-musée " ruisselait des grosses éponges. Aux réserves du Trocadéro, où les mannequins aux costumes exotiques regardaient pendre une sorte d'oiseau mort fixé à un fil de fer par des épingles à linge, et qui était le diadème de Montezuma. A la cave de l'Acropole, le conservateur, impatient d'avoir attendu la clef, retournait coléreusement la *Corê boudeuse* punie dans un coin, visage au mur. Nous rabattons des toiles devant les " Picasso de Picasso ", et l'exil de *Guernica* règne sur ce musée qu'assaillent les *Mousquetaires* enchevêtrés, la peinture giclée des Grands Nus de 1969, les dernières formes qui semblent tordre leur tableau autant que leurs lignes, les profils éclatés comme ceux des monnaies gauloises, les *Mardi gras* et les *Musiciens* disloqués, les tessons des *Toréador,* leur luxuriance pétrifiée de mosaïques — et les têtes des *Ménines,* ces tableaux qu'on appelle des études, et qui sont le contraire.

« Avec elles, dit Jacqueline, Pablo a vraiment voulu régler un compte! Jamais il n'avait travaillé comme ça! »

Il a peint ou sculpté maintes vraies études. Je n'entends pas par là les travaux qui tentaient jadis d'imiter le modèle et tentent surtout, aujourd'hui, de comprendre, crayon ou pinceau en main, " comment c'est fait ", ce qu'on peut en faire , ou comment l'introduire dans une œuvre en cours. J'entends : les états d'une œuvre. Il n'est pas vrai, que Picasso " ne cherche jamais ". La *Femme au feuillage* a commencé par une tête rectangulaire à laquelle il a donné successivement une tige et un corps de papier froissé, avant de l'achever par des feuilles de hêtre et une cannelure. Nous connaissons les états de l'*Homme au mouton,* ceux de son mouton; d'importants projets de *Guernica,* sans compter les dessins perdus (il avait envisagé d'en illustrer *L'Espoir*); des chèvre-pieds de la *Pastorale. Guernica* est une œuvre élaborée au sens traditionnel, dont les états marquent l'élaboration.

Mais nous ne parlons d'études pour *Les Ménines,*

47

que par un malentendu. La petite toile forcenée que je regarde n'étudie un modèle ni pour l'imiter, ni pour le comprendre, ni pour l'introduire dans la grande composition. Picasso a peint *d'abord* celle-ci, ensuite ses études supposées ; et elles n'ont de modèle ni dans sa composition ni dans le tableau de Velázquez. Des études pour l'infante Marguerite (celle de face), postérieures au premier camaïeu d'ensemble — les autres sont, je crois, à Barcelone — l'en dégagent jusqu'à ne plus la figurer que par quelques traits de couleur, qui ne veulent point être des traits expressifs ou suggestifs. Et cet idéogramme pictural ne prépare en rien la même infante Marguerite du grand ensemble multicolore que Picasso peindra un mois plus tard, après des infantes beaucoup plus bariolées (en marge, ses pigeons et sa fenêtre), des groupes avec le chien, et le premier ensemble en couleurs — où Marguerite ignore toutes les Marguerite qui l'ont précédée. Mais préfigure celles qui la suivront.

Les vraies études, les états préparatoires, se rapportent aux œuvres qui forment le musée Picasso. *Les Ménines* isolées, au contraire, annoncent les têtes provocantes d'Avignon, la rupture avec ce musée. Ces centaines de têtes n'ont pas de *Guernica*.

Dans la pièce d'angle où nous passons, quelques toiles de l'époque bleue sont appuyées aux murs ;

48

d'autres, sans châssis, couchées sur la table comme des affiches. Un portrait de Casagemas, l'ami de Picasso qui s'est tué d'un coup de revolver, en 1901. A sa tempe bleue, au milieu de cet étalage bleu, une seule tache grenat : le sang.

Dans la salle à manger, il y avait un autoportrait de la période rose. Ici, on a groupé quelques figures de la période nègre. L'une, tendue comme un scorpion menacé, appelle toutes les griffes des œuvres futures. Jacqueline la pose sur la table :

« Il aimait celle-ci. Elle lui rappelait plus de souvenirs que les autres. Un jour, nous revenions d'une corrida, on nous avait fait des cadeaux, il l'a prise dans ses deux mains, il m'a dit : " Célèbre, bien sûr, je suis célèbre! Lollobrigida! Qu'est-ce que ça veut dire? Au Bateau-Lavoir, oui, j'étais célèbre! Quand Uhde venait du fond de l'Allemagne pour voir mes peintures, quand des jeunes peintres de tous les pays m'apportaient ce qu'ils faisaient, me demandaient des conseils, quand je n'avais jamais le sou, là j'étais célèbre, j'étais un peintre! pas : une bête curieuse... " »

Elle n'imite point sa voix, mais j'entends, de l'autre côté de la mort, l'étrange accent, si peu traditionnel, qui mêlait les *u* parisiens aux *e* fermés, doublait les *s,* ignorait la jota mais changeait les *j* en *y* : yé n'étais pas uné bett curiosse... Mais Jacqueline dit, comme lui : « J'étais un peintre » et non : j'étais un artiste — mot qu'il n'employait que par dérision. Le : « J'étais célèbre » évoque une de nos dernières conversations. Je venais de lui dire que j'allais faire classer le Bateau-Lavoir.

« Si on nous avait dit ça, quand nous y étions!..

— Vous ne pressentiez pas du tout votre destin?

— Ça dépend... A vingt-cinq ans, nous étions certains que la peinture, c'était nous. Un peu plus tôt, un peu plus tard. Mais nous serions reconnus quand nous serions morts. Comme Cézanne. Comme Van Gogh; il avait vendu une toile, une! un louis. Après il s'était suicidé. Au Bateau-Lavoir, les amies de Fernande disaient aux modèles très moches : " Toi, va poser chez Picasso! " Vous avez connu Manolo? Il n'était pas un idiot. Et il était un bon sculpteur. Eh bien, devant *Les Demoiselles,* il m'a dit : " Tout de même, si tes parents t'attendaient sur le quai de Barcelone avec des gueules comme ça! " Si nous vivions très, très vieux, ça irait peut-être... Hé, vous voyez, nous n'avons pas eu besoin de vivre tellement vieux! Quand Braque m'a dit : " Tu te rends compte que nous avons chacun une auto, avec un chauffeur! " il était aussi étonné que moi... Ça, le succès, ça nous a paru extraordinaire. »

Je demande à Jacqueline :

« Sa légende l'amusait encore?

— Ça dépendait des jours. Il aimait s'amuser, vous savez... Quand les gens l'ennuyaient, il se mettait à faire le toréador... »

Il aimait s'amuser, en effet. J'ai rencontré seulement chez mes amis espagnols son rire de sorcier. Il avait recueilli des scorpions et des hiboux. Il m'avait dit, des chats qu'il sculptait : « Ils ne sont pas tout à fait bien, parce que les chats c'est comme les femmes : il faut qu'ils soient décoiffés. » Souvent, la gaieté tournait court. Quand je lui montrai des photos de terres cuites sumériennes qui ressemblaient à ses sculptures, il dit joyeusement : « Il y a un moment, dans la vie, quand on a beaucoup travaillé, les formes viennent toutes seules, les tableaux viennent tout seuls, on n'a pas besoin de s'en occuper! » Et, après un moment : « Tout vient tout seul. La mort aussi. »

J'ai failli me souvenir à voix haute... Pourtant, la mort est là.

Devant l'amoncellement que j'explore, il n'y a plus que deux manières de Picasso. La première rassemble les toiles du musée Picasso : période bleue, période rose, décors, cubisme; la seconde, toutes les autres et la plupart des sculptures. *Les Demoiselles d'Avignon* et *Guernica* appartiennent aux deux. Ici, la division entre le cubisme et les convulsions est la rupture entre la succession de Cézanne et celle de Van Gogh...

51

« Ayez pitié de nous, écrivait Apollinaire, de nous qui vivons cette longue querelle de l'Ordre et de l'Aventure... »

Celle-ci était beaucoup plus chez elle dans la salle du rez-de-chaussée. Depuis le *Verre d'absinthe* jusqu'à 1929, Picasso avait sculpté maintes œuvres aussi soumises à la sculpture cubiste que ses guéridons devant les fenêtres étaient soumis au tableau cézannien; et même quelques bas-reliefs plus soumis au tableau qu'à la sculpture... Ils sont peu nombreux dans la salle voisine, où le taillis des bronzes les recouvre. Les sculpteurs aspiraient à une monumentalité commune aux *Goudéa* chaldéens, aux statues-colonnes, à quelques arts de haute époque — souveraine pour Maillol comme pour les sculpteurs cubistes et Manolo; la sculpture que les Allemands appelaient tectonique, et nous : construite. Picasso, longtemps respectueux du tableau, que ni Cézanne ni même Van Gogh n'avaient mis en question, fut peu soucieux de cette monumentalité; elle resta étrangère à ce que lui apporta l'art nègre. Ses sculptures cubistes cédèrent vite la place aux griffes et au fer. C'est pourquoi ses toiles les plus provocantes, ici, semblent proliférer peu à peu, alors que ses sculptures de Boisgeloup, tout à l'heure, semblaient surgir. La rupture entre le musée Picasso et les formes virulentes qui lui succèdent après l'avoir parfois accompagné, serait beaucoup plus brutale, si elles ne lui semblaient reliées, comme aux grandes sculptures, par les petites toiles agressives des *Ménines,* par *Les Ménines* même, et surtout par le souvenir que ses grandes Confrontations, qualifiées alors de Massacres, font peser sur treize ans de sa création.

Treize ans, des *Demoiselles de la Seine* à *L'Enlèvement des Sabines.* Les Confrontations avaient pourtant commencé beaucoup plus tôt, par des dessins d'après le retable de Grünewald. Sur la croix, il avait remplacé le Christ par des chapelets d'os, bizarrement sacrilèges. « A-t-on jamais peint un squelette crucifié ? lui demandai-je.

— Me semble pas. Remarquez que j'ai dessiné tous les bouts des os, arrondis. J'ai vu au Muséum que les os, ils ne sont jamais sculptés, ils sont moulés. C'est drôle. »

Il appelait drôle ce qui le surprenait. Plus tard, il avait peint sa *Bacchanale* d'après celle de Poussin, en l'honneur de la Libération. Je l'ai vue à la fin de la guerre, encadrée, précieuse, dans l'atelier des Grands-Augustins, dont il cultivait joyeusement la poussière ; entre les chefs-d'œuvre, la selle aux cornes de guidon, et les *Nature morte à la bougie,* qui devaient à leurs formes cernées l'autorité que les plombs donnent au vitrail. Quelques jours plus tôt, Rouault, à qui je demandais ce qu'il pensait de Poussin, s'était frileusement dérobé. Je demandai à Picasso s'il tenait Poussin pour un grand peintre, au sens où il l'entendait de Goya et de Velázquez. « En ce sens-là, non. Mais voilà : ça n'a aucune importance... » Bien vrai. Vers 1910, Moréas accueillait régulièrement Picasso à *La Closerie des Lilas,* par la psalmodie : « Eh bien! monsieur Picasso, est-ce que vous croyez toujours que Velázquez a vraiment du talent? » André Salmon me le racontait en 1923. J'y pense aujourd'hui, cinquante ans plus tard, devant ces *Ménines* carrées; je pense aussi à l'atelier où une tête colossale de Dora Maar polémiquait avec celles de l'île de Pâques — à l'atelier de nomade où Picasso était un vivant, et qui ressemblait sans doute à celui du Bateau-Lavoir. Je pense à Fernande. J'avais une vingtaine d'années, je dînais place du Tertre avec Max Jacob; elle, à la table voisine, avec l'acteur Roger Karl. Je dis à Max qu'elle était très belle. « Oui, répondit-il, pincé : elle a quarante ans! » Derrière nous, Utrillo, Suzanne Valadon et le Sacré-Cœur. Et la petite église Saint-Pierre-de-Montmartre, où se sont mariés mes parents...

Picasso laissait sa *Bacchanale* dans l'atelier (il avait emporté d'autres toiles dans sa chambre) mais n'en parlait pas. Voulait-il éprouver ses visiteurs? Sans héritière, seule parmi des natures mortes gouvernées, en face de la selle-au-guidon ironique, elle semblait un jeu subtil et secret.

Le jeu changea lorsqu'il peignit *Les Demoiselles de la Seine.* Sa transcription retrouva la force de choc du cubisme. Son écriture anguleuse et serrée traduisait les deux filles comme elle avait traduit Hélène Parmelin et Paloma dans leur *Portrait;* et, plus librement, le *Portrait d'homme* du Greco. Les peintres s'étonnaient néanmoins de ce vitrail aux plombs noués, peu soucieux de la palette de Courbet. La transcription des *Femmes d'Alger* les déconcerta plus encore. Picasso ne prenait même pas le tableau de Delacroix pour livret de sa partition; il en tirait sa propre toile, aussi différente qu'une nature morte cubiste l'était d'une guitare. Georges Salles, alors directeur du Louvre, avait proposé à Picasso d'apporter, un jour de fermeture, celles de ses toiles qu'il souhaitait étudier en face de tableaux illustres. Il commença par faire placer une de ses *Nature morte à la bougie* près du grand Zurbaran diagonal; puis, près des *Femmes d'Alger,* presque pour jouer, l'*Aubade* et les tableaux qu'il allait donner au Musée d'Art moderne. Il étudia le Delacroix longtemps. « Nom de Dieu, quel peintre! » Ses propres *Femmes d'Alger* étaient nées ce jour-là. Je le retrouve, petit et noir à côté du grand Georges Salles aux longs cheveux blancs. Je pense au jour où celui-ci me conduisit chez sa voyante. Elle étendait à travers le désert iranien l'ombre de Bucéphale au soleil couchant, sous le portrait du dernier sultan de Turquie, son grand-père... Toute sorcellerie est ici chez elle. Quand j'ai vu les *Femmes d'Alger* de Picasso, je me suis souvenu de sa phrase rageuse : « Il faut bien que la nature existe, pour pouvoir la violer! » Oui. La peinture aussi.

La critique parlait de rivalité; le viol allait apparaître brutalement dans la métamorphose des *Ménines.* D'autant plus brutalement, que Picasso s'attaquait, cette fois, à l'un des plus célèbres tableaux du monde.

Le dialogue d'un grand peintre avec ses prédécesseurs n'était pas sans précédents. Picasso connaissait sans doute la " copie " du *Charles Quint et l'Impératrice* de Titien, par Rubens, qui traduit ostensiblement Venise en Anvers. (Pendant la guerre civile, elle tremblait sous les bombardements de Madrid au mur du Comité des Écrivains révolutionnaires...) Et il connut sans aucun doute les tableaux où Cézanne copie le *Christ aux limbes* de Sebastiano del Piombo; Van Gogh, la *Pietà* de Delacroix; Matisse, Jan de Heem.

Copie? Cézanne n'entreprend pas de copier le *Christ aux limbes,* ni Van Gogh, la *Pietà.* Ils semblent avoir entrepris de peindre, chacun à sa propre manière, le tableau vivant suggéré par le tableau. Pour quoi faire? Ce tableau vivant est sans intérêt, puisqu'ils sont des peintres. La mise en scène de la *Pietà* est médiocre. Pourquoi pas celle de Michel-Ange? Mais Van Gogh n'est pas stimulé par Michel-Ange, il l'est par Delacroix. Parce qu'il aurait voulu " peindre mieux " que Delacroix? Et Cézanne, mieux que Sebastiano? Ils ne veulent pas peindre mieux, ils veulent peindre autrement. Ils n'entendent point surpasser leur modèle dans son domaine, ils entendent mettre ce domaine en question.

Chrétiens tous deux, ils veulent réduire le Christ de leur modèle à la seule couleur. Ils le savent. Cézanne a écrit d'*Olympia* : « Toute notre Renaissance date de là. » Et s'ils ne connaissent pas le Christ de Manet, ils savent que dans *Olympia,* celui-ci a rivalisé avec la *Vénus d'Urbin*. Il eût rivalisé de la même façon avec *Les Ménines*. En les soumettant au seul domaine pictural; en arrachant à la Vénus sa divinisation, non pour en faire une dame nommée Olympia, mais pour en faire un tableau. La peinture avait été le plus puissant moyen d'expression des dieux et des rêves, avait ressuscité Vénus. Lasse désormais du domaine qui l'avait connue victorieuse de la poésie et rivale de la musique, elle découvre le monde spécifiquement pictural, et n'appartiendra plus qu'à lui.

Pourquoi penser ici à l'aventure de Manet, qui découvrit la peinture moderne presque sans s'en apercevoir, et laissa ses successeurs tirer les leçons d'*Olympia?* Un tableau qu'a retourné Jacqueline, *Les Amoureux,* est signé par Picasso, d'une grosse écriture parodiquement enfantine : Manet, 1920.

Les œuvres que Picasso a choisi d'affronter (sauf la dernière, précisément *Le Déjeuner sur l'herbe)* appartiennent en partie à la transfiguration, en totalité à l'ombre atmosphérique, au brouillard obscur ou mordoré devenu roi par la découverte du lointain — à l'ombre née avec Van Eyck, morte avec Courbet, qu'ignorent toutes les écoles de la terre à l'exception de quatre siècles d'Occident. Dans *Les Ménines* comme dans les *Femmes d'Alger,* Picasso voit évidemment des peintures, non des poèmes. Et c'est au monde pictural même, qu'il veut imposer la transmutation que Manet, Cézanne et Van Gogh ont imposée au poème qui accompagna l'ombre européenne. Si Van Gogh ne voulait pas " peindre mieux " que Delacroix, Picasso veut moins encore " peindre mieux " que Velázquez, montrer une couleur plus subtile ou plus puissante : il entend proclamer, face au pouvoir pictural, un pouvoir de la peinture, qu'il connaît depuis trente ans, mais a presque toujours subordonné.

Les rivaux et les élèves de Manet avaient trouvé le

pouvoir pictural dans tous les chefs-d'œuvre qu'il métamorphosait en les annexant, car un Rembrandt de Manet eût été aussi différent des *Pèlerins d'Emmaüs,* que *Le Déjeuner sur l'herbe* de Picasso l'est de Manet. Mais Manet découvrait son pouvoir au musée, dont il faisait l'unité. Picasso ne découvre pas le sien, il l'invente. N'importe quel peintre peut décrypter la *Vénus d'Urbin* pour y trouver une *Olympia, Les Instruments du fumeur* de Chardin pour y trouver un Braque; aucun décryptage de Velázquez ne permettra d'y trouver *Les Ménines* de Picasso.

Cézanne rivalisait avec Sebastiano del Piombo par le pouvoir pictural qu'ils possédaient en commun, non par le pouvoir de poésie que Sebastiano avait tenu pour essentiel, et dont Cézanne ne se souciait pas. Picasso ne se soucie pas plus de la palette de Velázquez que de celle de Delacroix ou de Courbet : il oppose ses rouges de drapeaux, à l'admirable accord d'ombre et de bleus des *Ménines,* de la même façon qu'il oppose ses petites filles géométriques à l'infante. « Et moi aussi je suis sorcier. » Ce n'est plus le pouvoir pictural, qui est en cause : c'est le pouvoir démiurgique.

Le tableau de Velázquez existe à l'égal des Ménines elles-mêmes; le tableau auquel Picasso travaille doit exister au même degré, sans l'équivoque de Velázquez, dont l'œuvre est soumise à la fois au monde de la peinture et à celui de l'illusion. Pourquoi aller hier chercher Delacroix, aujourd'hui, Velázquez? Pour révéler le dialogue démiurgique, comme Manet avait révélé le dialogue pictural en allant chercher Titien. Picasso avait conservé les masses des *Demoiselles de la Seine;* Courbet y chuchotait encore. Cette fois, l'illustre interlocuteur se tait. Le tableau vivant et le tableau tout court écartés, Picasso retient seulement l'acte créateur. Il en proclame la libération. J'avais écrit, avant la guerre : « Bientôt, sa marche ne sera plus éclairée que par la torche qu'il tient dans sa main, même si sa main brûle... » Le cubisme avait tenté de se légitimer; cette peinture-ci n'est plus légitime, elle est contagieuse.

Au temps de *Guernica,* nous parlâmes, pendant une de mes permissions, de la façon dont Goya s'accordait à la mort : celle qui entourait mes camarades, non celle qu'il avait représentée, et dont Picasso m'avait parlé au sujet des *Fusillades du 3 Mai.* Je dis combien me surprenait la mise en accusation des peintres qui l'ignoraient, comme Chardin ou Cézanne, par ceux qui semblaient la connaître, comme le Greco et Van Gogh. « Oui, dit-il, répondant à lui-même plutôt qu'à moi : il y a la vie, et il y a la peinture... » Le ton signifiait : en face de la vie, il n'y a que la peinture. Braque aussi m'a dit cela, au temps où sa mort approchait.

Quel est ce vaste tableau pompier du Second Empire : un nu allongé sous des frondaisons, Courbet du pauvre? C'est la toile devant laquelle Picasso avait voluptueusement allongé un Jean Marais rigolard, pour se faire photographier par Brassaï, palette en main (il n'employait presque jamais de palette), fignolant la hanche. Titre de la photo : *L'Artiste-peintre.*

Des *Jacqueline*, des *Jacqueline.* Celle qu'il m'avait envoyée pour l'affiche du Grand Palais (je lui avais répondu qu'elle me faisait penser à une cariatide assise) regarde un *Portrait de Picasso* tout rouge, qui n'est pas de lui. Un de ses hiboux, une de ses colombes. Encore une *Jacqueline.* Je viens de voir des portraits de presque toutes ses femmes.

Il parlait peu de sa propre vie, mais volontiers de *la* vie, lorsqu'il parlait de peinture. Combien sa relation avec elle m'intriguait tout à l'heure, devant les fleurs de bronze! Depuis *Les Demoiselles d'Avignon* (et c'est Avignon qui va présenter demain sa dernière exposition), il n'a cessé de se mesurer à elle.

« Vous connaissez les proverbes chinois, vous, le Chinois. Il y en a un qui dit ce qu'on a dit de mieux sur la peinture : il ne faut pas imiter la vie, il faut travailler comme elle. Travailler comme elle. Sentir pousser ses branches. Ses branches à soi, sûr! pas à elle! C'est ce que je fais maintenant, non? »

La nature était encore le " dictionnaire " de Delacroix, il y trouvait encore des formes et des couleurs pour les introduire dans ses tableaux, et même celles qui lui suggéraient ce vers quoi il tâtonnait. Mais l'inépuisable querelle qu'il lui cherchait devenait plus complexe. Lorsqu'il m'avait montré la *Bacchanale,* il m'avait aussi montré la tête de taureau faite de la selle et du guidon. « Ce n'est pas mal, hein? ça me plaît. Voilà ce qu'il faudrait : Je jetterais le taureau par la fenêtre. Les gosses qui jouent en bas le ramasseraient. Un gosse n'aurait pas de selle, pas de guidon. Il compléterait son vélo. Quand je descendrais, le taureau serait redevenu un vélo. La peinture n'est pas faite pour les salons des gens! » Au Bateau-Lavoir, il avait acheté des fétiches qui portaient des colliers de verroteries. Les colliers avaient disparu. « Les fétiches, ils étaient tout nus! » Des amies de Fernande étaient venues dîner, les verroteries au cou. Il était ravi. En l'écoutant, je m'étais souvenu des dessins déposés au bas de *Guernica,* pour grimper comme des cafards.

Encore une *Ménine,* en face d'une *Jacqueline.* Picasso ne s'y efforce certes pas de perfectionner le visage de l'infante Marguerite qu'il a peint seize fois ni de le détruire, comme on l'a trop dit, comme il l'a dit lui-même; s'efforce-t-il d'épuiser ce qu'il peut tirer de la peinture? La dernière *Infante Marguerite,* comme

une drogue, en appelle une autre, qui, à son tour...
Et l'imprévisible satiété advient comme un tableau
s'achève; car un sentiment, non une conclusion,
annonce aux peintres la fin de leur tableau. La veille
du réveillon de 1957, Picasso, abandonnant *Marguerite,* peint en style d'adieu une gracieuse *Isabel* venue
d'ailleurs, étrangère à la crise qui suscitait ses
compagnes, et dont la révérence annonce le départ.
« Je la laisse comme ça. »
Il n'en peindra plus.

Pourtant il n'abandonnera pas les Confrontations.
Elles sont entrées dans son art comme y étaient entrés
les paysages. Mais il ne renouvellera pas la proclamation des *Ménines.* Le dialogue avec *Le Déjeuner sur
l'herbe* le mène au-delà des précédents, — le mène
ailleurs; parce que le pouvoir démiurgique s'y oppose
au seul pouvoir pictural, cette fois séparé du poème.
Sa toile ne sera plus accompagnée d'une escorte de
satellites. Mais elle l'est par ces formes apparemment
sans structure qui vont occuper ses tableaux comme
une cinquième colonne triomphante, les méandres et
les arcs tendus d'un dessin en hélices et en crocs où
s'élabore celui des *Homme à l'épée.*
Il avait accueilli ces formes dans la série du *Peintre
et son modèle,* qui n'était pas née d'un tableau, mais qui
traitait l'un de ses thèmes majeurs. Cette série, qui pré-

cède, accompagne et suit *Le Déjeuner sur l'herbe,* joue le même rôle que le tableau de Manet, que *Les Ménines,* puisque Picasso n'en retient ni le tableau vivant ni le domaine pictural. Peut-être son dialogue fait-il partie de ce qu'il appelle les thèmes, comme la Mort. Celui du Couple a commencé beaucoup plus tôt, par les grandes sépias solennelles que j'ai vues rue des Grands-Augustins : un nu debout, un autre allongé sur le lit. Que sont-elles devenues? Il me disait alors : « L'art n'est jamais chaste! » Avant et après les *Sabines,* ce thème reste lié au *Déjeuner :* il suffirait d'ajouter un tableau entre la femme nue et l'homme habillé du second. Je regarde, à mes pieds, un petit *Peintre et son modèle,* assez joyeux (ce n'est pas toujours le cas). Il ne s'agit ni de formes, ni de couleurs, ni de volumes, ni de lumière... Déjà sont entrées en scène ces figures isolées que je vois ici à côté du petit *Peintre :* un *Mardi gras,* le *Mousquetaire* que Picasso avait choisi pour l'affiche d'Avignon, un *Toréador.* Elles envahiront le Palais des Papes, chasseront toutes les autres.

Pas encore. Voici *L'Enlèvement des Sabines,* les *Guerriers.* Pour dialoguer avec ceux-ci, Picasso retrouve le Poussin de *La Bacchanale;* mais Louis David n'est ni Velázquez, ni l'Espagne, ni Poussin. Est-ce avec le " matériel antique " : glaives, lances, casques aux cimiers en brosses, que Picasso s'amuse? Il surnomme ses personnages, des Guerriers. Ils sont entrés dans l'atelier par effraction, quand Picasso, sur l'invitation du Salon de Mai, songeait à l'*Entrée des Croisés à Constantinople* de Delacroix. *L'Enlèvement des Sabines* devait s'appeler *Bataille*.

L'un des Guerriers, en 1962, ressuscite la *Tête casquée*, sculptée trente ans plus tôt. Et cette *Tête*, bosselage au plumet en balai, que j'ai vue dans la salle des sculptures à côté du *Chat*, annonce aussi les *Mousquetaires*. Un accent énigmatiquement dérisoire est entré en scène — pour longtemps. Les carnages se succèdent, la fête ironique finira, l'année suivante, dans une hécatombe tricolore. Aucun guerrier n'annoncera la fin du jeu de massacre par un salut du glaive, comme la dernière infante Isabel par sa révérence.

Picasso n'en poursuit pas moins sa plus dangereuse aventure. Encore quelques *Peintre et son modèle*, opiniâtres... Les figures isolées chassent les autres, le temps de *Mardi gras* commence. La vraie Confrontation sera désormais la confrontation millénaire, celle du peintre avec la face humaine.

Après la guerre, il avait rassemblé dans l'atelier des Grands-Augustins une foule de *Figures* agressives, travaux récents, et des portraits traditionnels de ses enfants, peints vingt ans plus tôt. En costumes de carnaval; s'il ne bouleversait pas les formes, il lui fallait au moins déguiser les modèles. Il m'avait dit, de la voix dont il se parlait : « Il faut absolument que je trouve le masque. » Phrase plus claire par le ton que par les mots. Bien qu'il fût capable de formules d'une rare force, il exprimait parfois allusivement sa pensée. Pendant des années, je l'ai entendu dire, en accentuant les mots : « Nommer, voilà! En peinture, on ne peut jamais arriver à nommer les objets! » Du moins avait-il nommé *Guernica*... Je pensais à tout ce qu'il avait tiré jadis du signe émotif. Je supposais qu'il entendait, par « masque », un ensemble plus complexe, de même nature pourtant : l'accent qu'un grand style donne au visage humain.

« Ça vaudra la peine, répondis-je. Je crois qu'en quarante ou cinquante siècles, les artistes n'ont pas trouvé dix fois ce que vous appelez LE masque. Peut-être, la Mésopotamie? Certainement l'Égypte. La Grèce. Rome, pour l'imitation.

— Ça né compte pas.

— La sculpture romane, surtout à la fin; la gothique? Celle de la Renaissance peut-être, mais la peinture est là, et nous ne pouvons pas parler d'un portrait toscan comme d'un Double égyptien. Les sculpteurs avaient vu les vivants dont ils sculptaient les Doubles, ils n'avaient pas vu Vénus ni les saints.

— Quand il y a le portrait, c'est fini.

— Le visage classique...

66

— Les divinités, tout ça? Déjà inventé.

— L'antique avait inventé l'idéalisation, mais les Italiens ont tout de même inventé le regard... Les statues ne regardaient pas.

— Les tableaux ne regardent pas. Il y a la couleur. Les peintres vénitiens, espagnols, ils ont inventé une couleur formidable. Un masque? Des effigies, pas plus. Le masque romantique, encore des effigies.

— Il n'y a peut-être pas non plus de peinture romantique : Delacroix s'excite sur Venise à travers Rubens, comme Ingres sur Raphaël...

— Tout dé même, Goya! Et Corot? Non : il peint des figures, pas le masque... »

Il rit.

« Cézanne... non : les volumes de la tête. Van Gogh... il se peint. Ou bien il peint un tableau : *Le docteur Gachet, L'Arlésienne*. Formidable. Il ne fait pas le masque.

« Picasso, il ne fait rien du tout. »

Par terre, appuyées aux murs, quatre-vingts toiles. Il avait l'air écarquillé — évidence et surprise — des Pierrots peints par lui. Il conclut : « Ce qu'on fera est plus intéressant que ce qu'on a fait. »

Il y avait des colombes dans l'atelier, et le lévrier afghan Kazbek. Le matin de guerre était beau. On n'entendait pas les rares gazogènes. Françoise Gilot entra, montra des dessins. Aujourd'hui, je suis à

Mougins avec Jacqueline devant ses toiles par centaines, et il est mort. Il n'a pas découvert le " masque ". Il a découvert autre chose...

C'est ce que me disent ces toiles harcelantes, avec la voix de l'inscription de Thèbes : « Écoute le cortège des morts, avec son bruit d'abeilles... »

Voici la pièce où il peignait. Une table chargée de pots de peinture (très peu de tubes), celle où s'accumulaient les pots vides : « Il continuait à ne jamais rien jeter », celle sur laquelle il peignait à plat : « Cette peinture dégouline! » A peine la place pour peindre, et le chemin qu'il a laissé dans l'amoncellement ordonné des toiles.

« Voilà..., dit rêveusement Jacqueline. L'atelier du plus grand peintre du siècle... C'est drôle, non? » Ces deux mots, si familiers à Picasso, comme un écho de sa voix. L'atelier des Grands-Augustins abritait déjà un désordre indérangeable et minutieux, que Picasso traversait comme un chat. Il a vécu " en campagne ". Gorki m'a dit un jour ironiquement : « Ma culture, celle des livres? Je sautais le mur pour entrer la nuit dans la bibliothèque de mes amies aristocrates, je lisais, et quand il n'y avait plus de lune pour lire, je filais. » Picasso a beaucoup peint en sautant le mur pour entrer chez lui.

Les toiles de la période bleue, de la période rose (sauf l'*Autoportrait* de la salle à manger) semblent d'un autre. Reliées peut-être à quelques colombes, hiboux et chèvre-pieds par une affectueuse pitié. Il disait du peintre en face de son modèle : « Ce pauvre type... » Toiles irréductiblement séparées, par l'absence de dérision, de celles que Jacqueline commence à retourner, *Mousquetaires* et *Toreros* de sa dernière manière.

Une énigmatique passion tord ces toiles, toutes figuratives. Miguel vient chercher Jacqueline, dont on attend quelque instruction. Elle quitte la pièce; il retourne les tableaux un à un, pendant que nous parlons de l'Espagne. A ma surprise, la guerre s'accommode mal de la mort, mais non de cette peinture. Toujours les figures d'Avignon, ou leurs semblables; je reconnais celles de l'exposition de 1971. Mousquetaires, guerriers, peintres-et-modèles, femmes-à-l'oiseau, personnages-rembranesques-et-amours, fumeurs, hommes-au-casque, hommes-à-l'épée, Arlequins, toreros, Mardi gras, flûtistes emplissent peu à peu la pièce, m'encerclent. Encore des *Jacqueline*. Elles veillent sur l'amoncellement des figures. Au temps de l'Indochine, la maladie de l'opium ravagea une nuit la manufacture de Saigon; le matin, une marée de bactéries passée sous le portail envahissait la rue, avançait inexorablement, centimètre par centimètre... Les personnages de la Mascarade, entrés ici de la même façon, attendent leurs semblables. Dans une pièce voisine, des *Couple,* des *" Baiser "* et des nains submergent des toiles anciennes ou retournées. Bien que Jacqueline en ait envoyé deux cents au Palais des Papes, leur peuple conquiert encore les autres — comme, à l'étage inférieur, les fleurs carnivores et les totems aux yeux d'insecte recouvrent les autres sculptures.

Les extravagants entraînent toutes les figures dans leur Tentation de saint Antoine. Les femmes-à-l'oiseau, couples et baisers sont néanmoins plus nombreux. A peine moins déguisés, avec leurs yeux postiches et leurs faux nez. Le grand feutre en paraphe suffit à costumer la plupart des autres. L'unité de la Mascarade est telle, que ceux qui connaissent mal l'art de Picasso ont cru découvrir une nouvelle manière au service de nouveaux sujets. Qui rejoin-draient d'ailleurs les plus anciens, le carnaval rejoi-gnant les saltimbanques, et l'Arlequin-totem ceux de la période rose.

Sur cette gigantesque Mi-Carême, règne le Mino-taure souvent dessiné, dieu noir des corridas multi-colores. Les déguisés se rencontraient, se groupaient, ne voulaient plus se séparer. Déjà, au Salon de Mai, il en avait envoyé un rang : *Douze toiles en une.* Au Palais des Papes, le public entraînait dans la vie, ces images créées pour la peinture, et qui n'appartiennent qu'à elle. On les transformait en personnages ; ils ne pouvaient pas plus le devenir que les déchirures de cuivre ne peuvent devenir des fleurs, le totem aux yeux striés de mécanique, devenir un mannequin empanaché. Les visiteurs s'épuisaient à y chercher l'expression audacieuse de personnages imaginaires. Il n'y avait pas de personnages, il y avait des signes ravagés et ravageurs, qui exprimaient autre chose que ces personnages. Ici, cette Saturnale devient la Saturnale de la peinture elle-même. Il y a dix ans que Mardi gras dure toute l'année : c'est le match de Picasso avec sa création, qui suscite les mascarades. Elles sont ensorcelées, mais elles le sont par la peinture.

Dans son conflit avec toutes les formes antérieures, y compris les siennes jusqu'à soixante ans (« Mais si, mais si, j'ai imité tout le monde! Sauf moi »), il n'était jamais allé plus loin. Du moins dans ses tableaux, car sa sculpture appelait cette foule garrottée qui se débat comme elle, et qui lui ressemble quelquefois. Quand il peignait *Les Ménines,* ses pigeons blancs et les paysages de Cannes l'interrompaient pour venir se faire peindre. En 1969, quand il peint des fleurs, il retrouve le bouquet de cuivre de 1943, dont les pistils épineux deviennent griffes. Voici le tableau. Picasso n'y lutte pas moins que dans les figures, avec ses toiles d'autrefois, mais il gouverne sa création des fleurs, alors qu'il veut encore se battre contre sa création des hommes.

La pièce communique avec un balcon profond, une chambre dont on a supprimé le mur extérieur. Nous y entrons. Jacqueline revenue dispose, à son tour, des figures de la Mascarade.

« Ici, Pablo voulait faire son atelier. En attendant, il y mettait les toiles au fur et à mesure. Avant la fin des travaux, il n'a plus trouvé de place. »

Cette frénésie de création fait penser à une invasion de Martiens, à celle de la rue de Saigon par l'opium. « Quand ça marchait bien, murmure Jacqueline de sa voix de souvenir, il descendait de l'atelier en disant : " Il en arrive encore! Il en arrive encore! " »

Cette foule, je l'ai vue au Palais des Papes, il y a deux ans. Il était vivant...

III

Au Palais d'Avignon, la foule serrée des toiles rivalisait avec celle des visiteurs, non parce que toutes étaient des figures, mais parce que leur enchevêtrement continuait celui de chaque tableau, et traçait, au bas des voûtes de cathédrale, un grouillant chemin de croix. Petits murs de Notre-Dame-de-Vie! Deux cents mètres de procession faisaient le tour de la salle gothique où les Tarots regardaient en riant la foule provinciale parcourue de hippies et de Japonaises; les tableaux rapprochés formaient un seul monde, comme les fresques de Giotto à Padoue. On reprochait à Picasso de ne pas peindre un autre *Guernica*. Pourquoi aurait-il peint de grandes compositions? Son *Jugement dernier,* c'était cette salle.

Des vociférations sans âge venaient de la cour, où le T.N.P. répétait une tragédie crétoise, comme pour acclamer le Minotaure. Il y avait des toreros, des mousquetaires (le catalogue disait : *Homme à l'épée*), tout le premier Carnaval. Des *Couple,* des *Baiser.* Le dernier acte — alors... — de sa bataille avec la peinture. Sa dernière voix parlait seule, striée par les hurlements crétois. Le temps des adversaires passionnés était fini. Mais depuis que les Tarots occupaient sa vie comme une ville conquise, il peignait en face de la mort. Et peindre en face de l'autre monde, fût-il le néant, n'était pas peindre en face du monde, fût-il la peinture.

Car ces figures envoûtantes semblaient, comme celles de quelques autres grands peintres, éclairées par l'approche du trépas. Les derniers Titien, les derniers Rembrandt, les derniers Hals... Hals pressentait qu'il allait mourir. Titien, non, malgré son âge; il est mort de la peste. Rembrandt ne savait rien. La mort, elle, savait : elle choisit, à soixante ans comme à quatre-vingts, ceux qu'elle va combler parce qu'elle les attend. L'intrépidité avec laquelle Picasso a conduit sa dernière aventure tint-elle à ce qu'il n'entendait pas seulement sa propre voix?

Que pensait-il alors de la postérité? La métamorphose dont il tirait son génie pouvait aussi le détruire. Serait-il vainqueur du futur comme il l'avait été du présent? La métamorphose emporterait peut-être la peinture, mais le cubisme était devenu *Guernica,* et aussi la dernière grande école occidentale — au temps où la terre n'en connaissait pas d'autre. Le pouvoir de création qui avait conquis la terre était bien capable, pourquoi pas? « de conquérir deux ou trois siècles... après, on ne sait jamais... ».

« Sensationnel, bien sûr, disait un peintre à un autre, mais ce ne sont pas des tableaux! » Au sens où *Guernica* en est un, le peintre avait raison; même au sens des tableaux cubistes. Le cubisme contribuait fortement à rendre cette peinture inintelligible. Pourtant j'avais jadis entendu Picasso dire, devant telle de ses toiles : « En tout cas, c'est un *tableau!* » Mais devant les premiers de ceux-ci, avec la fermeté angoissée du dernier banco : « Maintenant, je ne choisis plus. »

Au destin, de choisir. Il avait élu l'impulsion, ou elle l'avait élu. Tous vrais états (comme ceux de *Guernica* ou de l'*Homme au mouton*), toute élaboration, même d'un chaos, introduisent l'œuvre élaborée dans le monde traditionnel de l'art. On ne connaissait pas d'états de ces deux cents Tarots.

Mais ce gage ne suffisait pas. J'écoutais les petits groupes reconnaissables à l'uniforme de la révolte : blue-jeans et cheveux longs. Je les avais vus dans la rue des Teinturiers, près des moulins à eau qui teignaient jadis les pantalons garance de l'armée. En entrant à l'exposition, j'avais écouté des hippies devant des *Couple*. Ils en comprenaient la révolte, ils comprenaient aussi que ce n'était pas la leur. Les hippies rêvent de l'Inde, du bouddhisme, d'un christianisme originel, communautaire et musical. Le groupe que j'atteignais n'était pas hippy. La gueule du grand garçon que j'écoutais eût semblé assez brutale sans ses cheveux crépus en auréole; sa petite barbe n'était pas celle du Christ, mais celle des Blousons noirs. Il citait à ses copains la réponse de je ne sais qui à une enquête de *Combat,* au temps de la rétrospective des deux Palais : « Qu'est-ce que ça peut vous foutre, ce type qui ne s'occupe plus que de faire des gosses et des tableaux sur la Côte d'Azur? — Quand même, répondit un petit blond frisé, il est du Parti. — Ça t'intéresse encore, les crapules staliniennes? Mai 68 t'a pas suffi? Parti ou pas, il est récupéré, et puis ça va! Moi, je suis venu pour voir où en sont les turpitudes, c'est tout. Merde pour la peinture. Même la gestuelle, j'en ai marre! Pollock asperge ses tableaux, il finit milliardaire, ça va! » Je connaissais ce ton de voix : violent, gouailleur, mais éploré. Ils lui en avaient trop fait voir, Pollock et Picasso. Naguère, ce genre de gémissant devenait garde-chiourme. « Pollock, répondit le petit blond, il finit surtout suicidé. — Qu'est-ce qu'il aurait fait d'autre? Il faudra bien en venir au chef-d'œuvre qu'on peint pour le brûler en public! »

Ce qui me fit penser aux œuvres disparues. Le bouclier d'or de Montezuma, envoyé à Charles Quint, pris par les corsaires de Dieppe, envoyé à François Ier, volé plus tard à Fontainebleau et vraisemblablement fondu. Le tableau d'Apelle : pas le navet dont les oiseaux venaient becqueter les raisins, mais celui que tous admiraient bien qu'on n'y devinât que trois lignes à peine visibles. « Il disparut dans l'incendie du palais des Césars... »

« Et pourquoi faut-il le brûler *en public ?* demandait le petit blond, insidieux.

— Marcel Duchamp, comme attitude, je ne dis pas, mais les ready-made, ça fait plutôt bazar! Lui et Pollock, ils n'ont même plus d'agressivité, alors quoi?

— Puisque t'es heureusement pas assez con pour attaquer l'agressivité, tu pourrais te rendre compte que là-dessus, il en connaissait un bout, Picasso! Dans le genre, qui dit mieux? Et il l'a dit un peu plus tôt que Réquichot! »

Un autre étudiant, rectangulaire et à lorgnons, calme :

« Réquichot est mort, il a tout fait pour ça. Les *Reliquaires,* c'est bien. Et puis, le gars qui va toutes les semaines aux abattoirs avec son copain pour en rapporter des têtes de bestiaux qu'il fait poser comme des femmes nues de la Belle Époque, chapeau! La poussière, le déchet, le gluant, les idiots de Faulkner, les poubelles. Les poubelles, c'est la première chose :

pour foutre la société dedans, jusqu'à la gueule! Au mur, là, devant nous, où qu'elles sont, les poubelles? Il triomphe, le Picasso, vous trompez pas!

— N'empêche que nous sommes là, répondit le petit blond. Vous dites tous que c'est pour les turpitudes, bon, mais celles des autres, on n'y va pas! »

L'agressivité de Picasso assurait depuis longtemps le lien entre des mouvements de jeunes et lui : Dada, surréalisme, art brut, occupation de la Sorbonne. Mais les héritiers de ses formes rejetaient son esprit, les héritiers de son esprit n'acceptaient pas ses formes.

« Celles des autres, on n'y va pas. Puisque la vraie question est là, mieux vaudrait commencer par la poser. Nous n'avons rien à faire ici, et nous y sommes. Pourquoi? »

L'autorité de celui qui venait de prendre la parole, d'une voix très lente mais non affectée, était saisissante. Son costume gris le distinguait de tout ce pittoresque comme si lui seul eût été déguisé. Le nez un peu courbe, les cheveux très noirs et le masque en losange des figures mexicaines.

« Cette société nous dégoûte. Celle des Petits Pères des Peuples aussi. Nous sommes pour la Révolution, mais seulement pendant. Ne confondons pas les torchons avec les serviettes. Figuratif ou pas, abstraits ou pas, tout ça, au fond, ce sont des tableaux. Même Pollock. Les écoles réellement nouvelles dans le

78

monde, à la Biennale, sont les écoles de dérision et d'agressivité. Pour elles, il est l'ancêtre, bien plus que Kandinsky ou Mondrian. Vous avez dit, Couturier...

— Je dis que les abstraits, je m'en fous! Le test de ce qui compte, c'est la profanation; qu'est-ce qu'il est foutu de profaner, Picasso?

— L'homme, mon petit. Pour parler comme les croulants.

— Couturier nous casse les pieds! dit une assez jolie blonde vêtue en tzigane imaginaire. Ça devient bourgeois. Voulez-vous que je vous montre mon derrière?

— N'en faites rien, Houppe : nous vous croyons sur parole. J'allais ajouter que pour la dérision, on n'a pas fait beaucoup mieux que Picasso. » Il rit comme un piège à loups. « Nous approuvons Couturier quand il dit : il faut en venir au tableau qu'on brûle. Mais je vous en prie, ne recommençons pas le surréalisme avec ses jurys! La manie de juger est le premier symptôme de la névrobourgeoisie. »

Je vous en prie n'était pas une prière, c'était une injonction. Ce Saint-Just n'était pas mal, avec son " rire en piège à loups ". Couturier semblait définitivement éploré.

« ...avec son jury, son président du jury des tableaux-à-brûler, comme l'alcool du même nom. On brûlera aussi les chefs-d'œuvre. Nécessairement. En imagination, bien sûr. Savez-vous pourquoi la Joconde sourit? Parce que tous ceux qui lui ont posé des moustaches sont morts.

« Une seule chose est importante : refuser la durée. En 1968, les journalistes-à-programmes restaient pantois quand nous leur disions : si vous commencez à raisonner, vous êtes déjà embourgeoisés. Ce sont des lents. L'instant ne se marchande pas, Couturier. Vos copains croient trop à la dérision. Ils peuvent rêver de ressusciter la Fête. Ou des cataractes de néon (variables, variables!), même des tours lumineuses. Même des...

— Après les tours lumineuses, les musées, ça sera de l'archéologie!

— Ou des catacombes, mon petit. Et il se passe beaucoup de choses dans les catacombes. Donc, j'enchaîne, si vous permettez. On peut rêver de la Fête, des tours, ou des affiches lacérées, ou de n'importe quel art de l'aléatoire. Mais si vous voulez dire que Picasso est fini, si vous voulez sommer sérieusement la peinture de se démettre — sinon, de quoi s'agit-il? — vous devez vous marier avec l'instant. Sans idée de divorce. " La beauté sera convulsive ou ne sera pas ", disait Breton. Beaucoup de bruit pour rien! L'instant brûlera la peinture, ou la peinture continuera à kidnapper l'instant. Brûlez le tableau, il reviendra vous chatouiller la plante des pieds si vous ne faites pas flamber la durée avec. On commence par elle, agressivité ou pas, on finit par la postérité. *Dixi.* »

Il ignorait que seuls entendent l'impérieuse logique du suicide, ceux qui lui obéiront. Je m'éloignai. S'il avait su combien les adolescences se ressemblent! Mais il montrait évidemment plus de rigueur que les tracts et petites revues. Était-il tellement prêt à déboulonner l'ancêtre? Il restait sensible — où l'eût-il été plus qu'ici? — à la poursuite toujours inassouvie d'un négatif du sacré, qui ressemblait fort à son propre démon gardien. Il avait raison de dire que l'instant seul pourrait oublier ou vaincre une peinture forte de ses deux victoires sur l'apparence : l'intemporel et la création, les deux liens entre l'art des vivants et celui des morts... Mais il avait tort d'ignorer que tout ce qui livre l'art des vivants à l'instant, et même au viager, porte de l'eau au moulin du Musée Imaginaire. Les Tarots retrouvés ressemblaient vaguement à ses amis carnavalesques, et m'entouraient comme les spectateurs des corridas dont Picasso peignait les gradins au marli de ses assiettes. C'est sur l'une d'elles, que j'ai vu son dernier Minotaure. Malgré les hurlements crétois, la peinture, dont il avait entouré la nef à sa manière sombre et convulsive, l'emplissait de son propre orchestre : ·chevaux· de bois et loteries, Stravinski, canto jondo. Je me souvenais que Picasso ne sifflait qu'un air, venu de *Petrouchka;* et je regardais un panneau d'*Homme à l'épée.*

Aujourd'hui, à Notre-Dame-de-Vie, j'en retrouve un, dont le visage éclate en trèfle. Je dis :
« C'est celui qui va le plus loin...
— C'est le dernier, répond Jacqueline. Il l'avait peint il y a un an, mais il l'a repris. Il ne les reprenait presque jamais. »
Les parties claires de la tête sont d'un rose mort. C'est le dernier rival de celui que reproduisait l'affiche de l'exposition de 1971. Il porte un oiseau. Picasso avait découvert ces Mousquetaires pendant sa dernière maladie, dans un album sur Rembrandt, a dit Jacqueline. Les rencontres qui se renouvellent cinq ans durant ne sont pas des rencontres de hasard. L'un de ces moustachus, à l'exposition précédente, s'appelait *Personnage rembranesque.* Il n'y a pas plus de rivalité entre ces personnages et ceux de *La Ronde de nuit,* malgré les chapeaux, qu'entre la *Bethsabée* du Louvre et celles de Mougins. Drôle de dialogue, d'ailleurs : dans le dessin en couleurs de Picasso, Bethsabée est devenue Jacqueline; et la servante, une figure d'homme, plus ou moins déléguée par le pauvre peintre du *Peintre et son modèle.* Picasso lui-même? Qu'a-t-il de commun avec Rembrandt, dans son art ou dans sa vie? A moins que...

Rembrandt est sans précurseurs : cessons de chercher dans quelques bons peintres de clair-obscur, le pressentiment de son ombre hantée; elle n'avait jamais paru avant lui, malgré celle, hantée aussi, de Georges de La Tour; elle a disparu avec lui. Passé son temps de purgatoire, il demeure, étranger au cours des écoles, dans une solitude invulnérable. Ni Manet, ni l'impressionnisme, ni le cubisme n'altèrent sa gloire.

La résurrection des primitifs, celle des plus grands styles du Musée Imaginaire, ne l'altèrent pas non plus. Victor Hugo, qui préférait à tout, la petite fille de *La Ronde de nuit,* savait déjà que cette lumière lyrique n'est pas un éclairage. Nous avons découvert assez de peintures, sans compter la nôtre, pour savoir que Rembrandt exigeait de la sienne un nouveau pouvoir, et toujours de façon plus avide. D'autoportrait en autoportrait, il poursuit son tragique dialogue. Seul, il semble attendre de la peinture le secret du monde, trouver dans ses œuvres les plus désespérées le droit de l'exiger encore. Mais pour lui, le secret du monde s'appelle Dieu.

Le premier sans doute, il tient son art pour une aventure. Il a découvert dans une ombre et une lumière inventées, la communion avec le mystère fondamental. A ce langage que nul n'entend encore, il sacrifie tout. Il apporte une lumière d'outre-monde : on l'appelle le Hibou. Pour que les hommes la voient enfin, sans doute faut-il qu'il disparaisse; il attend. Non pas quelque " progrès ", une tardive justice. Son pouvoir ne peut germer que dans la mort, c'est tout. La peinture n'est pas ce qu'en croient les gens. Ils mourront aussi.

A Stockholm, j'avais ouvert par un discours le cycle des commémorations européennes de Rembrandt. Je venais de dire : « Et, quand le soir tombe sur l'atelier désert où ne s'accumulent plus que ses chefs-d'œuvre encombrants, il regarde dans un miroir plein d'ombre sa face de chagrin, en chasse ce qu'elle ne doit qu'à la terre, et jette au visage de la gloire perdue, le portrait de Cologne qui éclate d'un rire insensé... les coups de l'angélus se mêlent dans le soir au battement des rames sur le canal, et... » Toutes les cloches de Stockholm commencèrent à sonner; le roi de Suède se leva, l'assistance aussi; les neuf coups de l'heure saluaient Rembrandt dans la nuit...

Il échappe à la peinture hollandaise, qu'il domine. Picasso échappe aussi à la nôtre. Il retrouve le supplice de Sisyphe, et sa fécondité. Devant moi les " Tarots " dialoguent avec toutes les figures dont nous ignorons de quoi elles se réclament. L'art sarde devient un autre Giacometti, l'art des Cyclades, un autre Brancusi. Les têtes celtiques de Roquepertuse ressemblent au masque sculpté par Picasso en 1907, tels fétiches de la Nouvelle-Irlande, au totem de la *Femme à la poussette;* le petit autel gallo-romain du musée de Saint-Germain, aux papiers déchirés pour imiter le bichon de Dora Maar; les Fécondités sumériennes, aux têtes de Boisgeloup. Le même pouvoir libérateur qui unit *Les Demoiselles d'Avignon* au cubisme, à *Guernica,* aux *Ménines* et aux Tarots pressés autour de moi, unit aussi la tête sumérienne à l'idole sarde, les Vénus préhistoriques aux Fécondités, les monnaies gauloises aux terres cuites du Japon prébouddhique, les idoles des Cyclades aux masques dogon, et toutes ces œuvres aux figures peintes des Nouvelles-Hébrides dont aucun de nos peintres n'égale la stridence, aux masques océaniens de fibre qui n'appartiennent plus à la sculpture. Il ne reste que le cri de la découverte, et la cohérence de l'œuvre. « Aller plus loin, et que ça tienne... » Or, ces œuvres ne s'unissent pas en un style (ou pas encore) mais toutes ont un style. Lors de la rétrospective des deux Palais, les derniers ennemis de Picasso répétaient qu'il prenait ses formes partout; au fond d'une brousse océanienne où les squelettes des soldats japonais pendent encore aux branches, des masques taillés par des hommes de l'âge de pierre attendent, pour gagner les musées d'Amérique, qu'une de ses anciennes sculptures ait suscité son dernier Tarot.

Au-delà du balcon, l'été de la lumière, l'été impressionniste, frémit sur les collines méditerranéennes. Je pense à sa collection. Pas un tableau impressionniste, pas un tableau où la lumière joue un rôle. Pas même dans l'admirable Cézanne, pas même dans le grand Renoir. Lumière vivante des vitraux, lumière apaisée de Van Eyck, lumière de Venise, lumière émotive de Rembrandt, lumière tremblante des reflets impressionnistes... Son œuvre ne connaît que la bougie, le phare et le soleil; le soleil des corridas et de Cannes, uni comme les fonds d'or ou les ciels noirs de Goya. Ses deux maîtres : Van Gogh, et précisément Cézanne (« C'était notre père, notre Protecteur... ») avaient rompu avec la peinture heureuse. Les tableaux de Manet, de Renoir, des " Promeneurs " s'assombrissaient lorsqu'ils peignaient le crépuscule, comme les vitraux lorsque venait le soir de Dieu.

Je regagne la pièce (comment appeler ces chambres habitées par les toiles comme par des humains?) où Miguel a retourné d'autres tableaux — comme il a pu. A gauche, les personnages isolés; à droite, les *Couple* et quelques *Baiser*. Que l'esprit s'accoutume à ces tableaux, vite obsédants, le Carnaval disparaît. La puissance de la création subordonne toute fantasmagorie. Dans le grand passage de la mort qui se confond avec celui de Picasso (son désordre semble une présence; les tableaux semblent retournés " en attendant "), avec le souvenir des sculptures emmêlées comme des têtes de chardons par le vent, la peinture livre ces personnages à un domaine d'inconnu qui n'est pas celui de la Mascarade, mais celui des Tarots.

Ils continuent des œuvres de Picasso depuis *Les Demoiselles d'Avignon;* héritiers en transe de ce tableau, plus que du cubisme. Héritiers aussi de dislocations inventées par Picasso depuis plus de trente ans, après les enchevêtrements géométriques et quelquefois presque expressionnistes que symbolise la *Femme qui pleure.* Et n'aurais-je vu aucun des compagnons de l'*Homme à l'épée,* je pressentirais qu'il n'est pas une création solitaire — comme tous les peintres l'ont pressenti de la première plaque des steppes (qu'on appelait alors scythe), des premiers bronzes archaïques chinois, des premiers fétiches.

Les plaques scythes, depuis les monstres royaux du Trésor de Pierre le Grand jusqu'aux boucles de ceinture, figurent des combats d'animaux. Motif millénaire, chargé de l'esprit du lion mésopotamien, de l'aigle et du serpent mexicains. L'art des steppes a rompu très tôt la continuité de la forme; les serres d'un rapace y sont aussi les griffes d'un fauve voisin, comme Braque et Picasso inscrivent dans une face son propre profil. Le bronzier veut inventer un signe du carnage, ravagé par l'esprit du carnage comme par l'incendie. Si l'on rapproche deux plaques des steppes que séparent des siècles — et trois mille kilomètres... — il semble que leur pouvoir commun soit précisément d'exprimer cette distorsion, dont l'expression maîtrisée agit sur nous avec autant de force que la symétrie; il semble que ce signe de bronze en fusion préexiste aux bronzes eux-mêmes, qu'il les engendre. Comme l'idéalisation grecque suscite les images de ses dieux; ou la gesticulation, les assemblées de Rubens. Les Tarots, qui semblent ne se réclamer que de l'impulsion et du hasard, appartiennent à une seule race.

Comme les peuples des steppes font concourir les griffes et les serres à l'accent de leurs idéogrammes convulsifs, Picasso invente des narines en hélice, des lacis et des épées, des nœuds de lanières que dénouent ou contredisent les graphies qui les entourent. C'est le temps des feutres aux paraphes aplatis, le temps de l'omniprésence ironique du ∞, signe grec de l'infini. Les toiles les plus révélatrices sont les *Couple* de profil, groupés à droite : où le baiser, entrelaçant les lèvres de l'homme et de la femme en un seul signe, le ramifie ou le déploie en visages et en corps, selon un hasard mensonger qu'il gouverne. L'art des steppes aurait pour schème des serres agrippées; les bronzes archaïques chinois, le tao-tie, idéogramme magique du tigre; celui de Rubens, la gesticulation. Le schème de Picasso est plus complexe, parce que ses Tarots font alterner, et parfois converger, le nœud et l'éclatement. Les *Baiser* sont sinueux et emmêlés; je viens de revoir le *Personnage à l'oiseau* qui a pour tête les feuilles écartées d'un trèfle dur où ses yeux et son nez sont logés cahin-caha. Ces Tarots semblent dire : comment pourrait-on représenter un homme qui serait autrement? et proclament qu'ils ne le représentent pas. Souvent, c'est le schème qui inspire le personnage, comme le signe du baiser inspire les profils et les nus. Des taches naissent aussi de traits emportés, de lignes qui ne les structurent pas, et semblent tracées pour désagréger l'image qu'elles suggèrent. Ces graffiti corrosifs sont des négations autant que des allusions. Quand un peintre a-t-il combattu avec un tel acharnement la peinture, et sans doute lui-même?

« Je ne choisis plus. » Certains de ces Tarots ne sont pas du tout des tableaux; d'autres, pas seulement — de même que les masques nègres (et d'ailleurs les Vierges romanes) ne sont pas seulement des sculptures. Ils ne sont pas non plus semblables aux caractères chinois, qui symbolisent tout. La dernière foule jetée contre les murs par l'un des plus grands inventeurs de formes de l'Histoire, serait-elle un peuple de Tarots qui ne voulût rien dire, parce qu'il est fait de cris? Les *Couple* s'étendent autour d'un signe du baiser, mais ces Tarots sont eux-mêmes des signes. De quoi ? De l'inconnu qu'ils révèlent.

Il avait commencé par sculpter des pièges à futur, et peut-être à postérité. Au Trocadéro, les masques n'avaient pas été pour lui des sculptures comme les autres, mais ils étaient des armes. *Les Demoiselles d'Avignon,* les toiles de la période nègre, avaient dû attendre leur public, elles l'avaient aussi créé. Les Tarots sont de tels pièges, mais plus dissimulés que *Les Demoiselles,* que *Guernica* surtout. Héritiers du Totem à la Poussette : chacun répond à une impulsion comme les prises de drogues répondent aux appels des morphinomanes. Les Tarots ne se réfèrent pas même aux anciennes toiles de Picasso, sauf aux " toiles disloquées " qui annonçaient leur invasion ; à rien, sauf à la prescience de leur pouvoir.

Si leur sens déconcerte, plus encore que leurs formes, c'est en raison de l'idée paradoxale, que l'artiste connaît l'inconnu qu'il découvre. Les grands styles religieux découvraient les formes religieuses des scènes qu'ils représentaient. Les icônes apportaient aux Byzantins l'inconnu orthodoxe ; les statues des cathédrales apportaient aux catholiques, leur propre inconnu. Mais les sculpteurs romans n'avaient pas traduit l'Évangile en un langage connu : ils avaient découvert le langage qui exprimerait la part du christianisme que l'art seul pouvait exprimer.

90

L'art avait dû découvrir ce langage, avant de pouvoir le parler.

Sur le store, le soleil heureux peint une toile blanche au-dessus des Tarots accolés. J'écoute, devant cette iconostase, un enfant crier — comme, sur une hauteur du Guatemala, j'écoutais la rumeur lointaine de la vie, devant l'idole que les aiguilles des pins recouvraient peu à peu dans le même soleil, dans le calme éternel de l'après-midi que la chaleur endort.

« Écoute le cortège des morts, avec son bruit d'abeilles... » Je pense à l'atelier des Grands-Augustins : « Picasso, il ne fait rien du tout. » Je pense au lévrier, au bruit éloigné des gazogènes. La guerre.

« Il faudrait retrouver le Masque... »

Ce qu'il appelait le Masque roman, était sans doute ce que le sculpteur roman fait d'un visage accordé à son Dieu : à ce qu'il en vénérait et à ce qu'il n'en connaîtrait jamais — à ce qui, selon les théologiens « appartient à Dieu en tant que Dieu », c'est-à-dire le sacré. Le Masque nègre était accordé à ce que les sculpteurs noirs craignaient, aimaient et ignoraient dans les Esprits qu'ils figuraient. C'était mot pour mot ce que disait Picasso. Je l'avais intrigué, jadis, en lui disant que la " beauté " (terme qui l'irritait), avait joué pour les artistes, pendant plusieurs siècles, un rôle assez semblable : elle ne s'était manifestée que par des spectacles, des corps, et par les œuvres d'art, comme la lumière ne se manifeste que par ce qu'elle éclaire. Il m'avait répondu par une des obscures formules qu'il choyait, antidéfinitions cabalistiques. M'indiquant du doigt son *Chat et l'oiseau :* « Le chat mange l'oiseau, Picasso mange le chat, la peinture mange Picasso... Elle a grignoté Vinci, la sculpture nègre mange les Nègres, c'est la même chose. Seulement, ils ne l'ont pas su. A la fin, c'est la peinture qui gagne. » Ce qu'il appelait la " peinture " n'était pas la relation des couleurs, ni même la création des formes. Il disait : peinture, parce qu'il ne disait pas plus art, qu'il ne disait beauté. Elle avait capturé la beauté comme elle avait capturé la religion, et, dans la préhistoire, « on ne savait même pas quoi ». La certitude de capturer quelque chose, comme l'avaient fait les peintres des cavernes, lui suffisait.

Les sculpteurs romans voulaient manifester l'inconnu révélé, alors que Picasso manifeste un inconnaissable que rien ne révélera. Il n'en connaît, il n'en connaîtra, que le sentiment qu'il en éprouve. Le sentiment d'un inconnaissable sans prières et sans communion, d'un vide animé, comme celui du vent. Cet art est celui des limites humaines, serres plantées en l'homme comme celles des rapaces des steppes dans le corps des fauves. Celui de notre civilisation, dont il exprime en ricanant le vide spirituel, comme le style roman exprimait la plénitude de l'âme. Je n'ai vu dans les ateliers de Picasso aucune figure romane, aucune sculpture asiatique, mais des fétiches et des masques y passaient leurs antennes. Si sa période nègre avait amputé les fétiches du Bateau-Lavoir de leurs esprits mais non de leur âme souterraine, ses Tarots (des déguisés, comme ses enfants dans ses portraits traditionnels) ne lui parlaient-ils pas ce que le bouddhisme appelle une langue d'abîme, qui n'avait pas envoûté ses Arlequins cubistes? Au temps des Tarots, eût-il accepté, comme au Trocadéro, l'idée que le masque nègre était une tête accordée par la sculpture à l'Inconnu africain? Le *Toréador,* le *Couple* dérisoire et menaçant, devant moi, appartiennent aussi à une race de figures accordées par lui à une part d'inconnu. Aux yeux de Picasso, ils étaient ce que notre inconscient peut reconnaître. Ce que le plongeur pouvait rapporter des dernières profondeurs. La peinture rapportera, du fond de l'inconnu, ce qui est assez étranger à l'homme pour qu'il l'ignore, assez proche de lui pour qu'il le reconnaisse.

Je comprends soudain ce que je cherche depuis que Miguel a retourné les figures. Le masque africain n'existe pas, mais c'est lui qui donne leur âme à tous les masques; le masque roman n'existe pas, mais c'est lui qui donne leur âme à toutes les figures du Portail

Royal; le masque qui hantait Picasso n'existe pas, mais son peuple existe, et c'est lui qui m'entoure. Je pense aux statues mexicaines que les Espagnols prirent pour des démons. Supplice, sexe, sang, nuit, emblèmes hilares dont la moitié droite est celle d'une tête de mort et dont la gauche éclate de rire; dieu de la fertilité aux signes géométriques peints sur les peaux de ses victimes; statuettes à deux têtes et quatre yeux; caverne de La Venta où surgit du sol une figure hantée, un enfant dans les bras; je pense aux grandes idoles venues, elles aussi, des dernières profondeurs, et qui n'expriment que le combat de l'âme mexicaine et d'un envoûtement. L'emblème que suggèrent devant moi ces styles surnaturels à l'égal du fond d'or, n'est pas l'expression de l'une des âmes successives de l'Homme, comme le masque égyptien et le masque roman; il est le blason de l'art en lutte contre son propre pouvoir, plaque des steppes, nœud de fauves — emmêlement de l'homme et de l'inconnu qui l'assiège. Mais quel artiste pourrait trouver le masque d'une civilisation qui ne connaît pas ses propres valeurs? Les Tarots n'appellent point un Masque ordonnateur, ils en gigotent la destruction. Le dieu des signes négatifs n'est pas un Masque négatif, c'est la négation du Masque. Ces tableaux ne sont en rien les satellites de quelque *Guernica* où Dieu aurait remplacé Franco, ce ne sont pas d'autres

Ménines; ces nomades n'attendent nul empire, sinon leur occupation victorieuse du Palais des Papes. Devant les Tarots retournés par Jacqueline et par Miguel, je me souviens de la fièvre du personnel qui préparait la rétrospective du Grand Palais. Entre plus de cent expositions, de 1958 à 1968, le travail ne s'est poursuivi la nuit, que trois fois : pour lui, pour la sculpture romane et les arts mexicains.

Quel sortilège envoûtait ces hommes et ces femmes, des machinistes aux conservateurs, dont aucun n'était peintre? Que signifiaient l'aura des statues romanes, la résurrection des mexicaines, l'œuvre de Picasso? Nul ne savait ce qui suivrait les Tarots, pas même lui. Sauf la mort.

Un air de violon monte du jardin; un disque, je suppose. J'ai dit un jour à Yehudi Menuhin et à Nadia Boulanger que nos grands musiciens, entendus en Asie, suggéraient que le plus profond sentiment de l'Europe était la nostalgie :

« Vous diriez cela aussi, Nadia? demanda Menuhin.

— Je ne crois pas...

— Oh non! moi, je dirais : la louange... »

Quel son prend ce mot de bénédiction, en face de ces figures insurgées! Giotto, les sculpteurs des tympans romans, des grottes de l'Inde et de la Chine, inventaient des formes inconnues, parce qu'ils inventaient les formes de leur louange. Cézanne provoque la résurrection des figures des grandes religions; mais Picasso ressuscite celles des arts sauvages, et les fétiches d'Afrique et d'Océanie ne sont point des figures de louange. Son œuvre, qui connaît si bien la colère et la souffrance, quelquefois la pitié, connaît-elle la louange? Et l'œuvre des deux ancêtres qu'il vénère, Goya et Van Gogh? Picasso l'accorde quelquefois à celui-ci, distraitement. Mais le ferment secret de sa propre peinture est au-delà de la colère et de la louange : dans l'interrogation, dans l'inépuisable altercation avec le monde des œuvres qui le hantent lorsqu'il dit, d'un ton innocent : « Qu'est-ce qu'elle fera, la peinture, quand je ne serai plus là? Il faudra bien qu'elle me passe sur le corps? Elle ne pourra pas passer à côté, non? » *Guernica* comme son dernier Tarot, ses œuvres les plus élaborées comme les plus spontanées, ont été destinées à ce monde qui les englobe même si elles le nient, même quand elles le transforment. Elles sont nées en lui. Une satire de la langue française écrite en français appartient au français. La plus furieuse accusation de la peinture, écrite en tableaux, appartient à la peinture. Si les œuvres capitales de Picasso ne finissaient pas dans un Louvre français, espagnol ou américain, elles finiraient dans le Louvre imaginaire d'un Skira du siècle prochain — ou dans le mien.

IV

C'est dans l'atelier des Grands-Augustins, que nous avons parlé pour la première fois du Musée Imaginaire; le jour où il me montra les quatre-vingts toiles qui s'y trouvaient rassemblées, sans doute par la guerre, lors de mon dernier passage à Paris.

« Vous ne remarquez rien? me demanda-t-il d'abord.

— Non.

— J'ai coupé ma mèche! »

Pourtant l'expression de son visage n'avait pas changé : les mêmes yeux d'autre-monde dans un masque de Pierrot étonné.

Il m'avait montré quelques paysages, d'une facture proche de celle des natures mortes qu'il achevait à mon passage précédent. On les avait rangées, sauf une, qui représentait le radiateur. Je n'avais jamais vu de paysages de lui. Je fus saisi par ceux-ci, pour la même raison que par les *Fleurs* de ses sculptures naguère, et, plus tard, par ses Confrontations : chaque attaque d'un nouveau domaine modifiait ses moyens d'attaque, et dévoilait les précédents.

« Ça vous étonne? demanda-t-il. C'est vrai, je ne suis pas un paysagiste. Ces paysages-ci sont venus tout seuls. Je me suis beaucoup promené sur les quais, pendant l'occupation. Avec Kazbek... »

C'était son lévrier afghan, d'ordinaire couché dans l'atelier. Les Allemands s'enquéraient de sa race, et Picasso répondait, innocent : basset charentais.

« Je n'ai pas peint Kazbek. Ce sont les arbres des quais, Notre-Dame, le Vert-Galant, ce que vous voyez là, qui a commencé à sortir. Je n'ai rien peint sur le motif. J'ai peint ce qui est venu, je l'ai laissé comme ça... Comment vous trouvez ça? »

La palette [1], différente de celle que je connaissais, m'étonnait. Je ne parlai pas de l'essentiel, qui se limitait encore, dans mon esprit, à une séduction coupante. Eussé-je été moins surpris par quelques figures qui les accompagnaient, si je les avais découvertes? mais elles m'étaient familières. Son *Vert-Galant* aux troncs en trapèzes et aux feuillages en oursins, saisissait au vol les bords de la Seine entre ses couteaux. Parent de quelques Arlequins cubistes; à l'opposé de ses Fleurs en crocs qui sembleraient peintes, plus

1. Les peintres entendent par ce mot, l'éventail de leurs tons, et les relations habituelles qu'ils établissent entre eux.

tard, pour des oriflammes de tribus. Hérité de ce qui avait été la paix, sous la petite silhouette bienveillante d'Henri IV... Presque heureux, ces paysages pointus... Ne pas s'y fier.

Dans l'atelier de l'étage supérieur, il avait rassemblé une foule de figures arbitraires, qui avaient accompagné son art pendant vingt ans sans le conquérir. Héritiers retrouvés des *Demoiselles d'Avignon* et de la période nègre, se succédaient les yeux à la place des oreilles, les seins à la place des genoux, les enfants martiens des *Figures au bord de la mer, Les Amoureux* de 1920, la *Femme endormie,* signe hérissé de crocs que Kahnweiler conserva trente-sept ans, l'extraordinaire *Crucifixion* en chapelet d'omoplates et de fémurs, la *Femme qui pleure,* toutes les formes annonciatrices de celles que prodiguerait plus tard son génie-aux-liens ; et des figures récentes qui leur étaient apparentées, le *Chapeau bleu,* des portraits de Dora Marr, l'*Enfant à la langouste,* la *Femme à l'artichaut,* que les journaux nommaient déjà les *Monstres.* Réunis, ces tableaux que l'on allait appeler provocateurs et gratuits après les avoir appelés mystificateurs ou idiots, révélaient ce que ses profils enchevêtrés dans leur face avaient de commun avec sa *Crucifixion* éclatée, dans l'Ordre de la distorsion. Toutes étaient des œuvres limites. Si on lui avait demandé une fois de plus : « Qu'est-ce que c'est? », il eût répondu : « Des tableaux. » J'en connaissais trois ou quatre; quelques autres, par des photos.

Cette assemblée ne s'apparentait à aucune de ses expositions. Depuis la guerre, et même depuis la guerre d'Espagne, j'avais vu peu de peintures. Chez lui, seulement des natures mortes. On ne connaissait guère ses sculptures, qui ne furent réunies au Petit Palais, que vingt ans plus tard. Dans mon esprit, dans celui de mes amis qui n'avaient visité ni son atelier ni Boisgeloup, la dernière et la plus magistrale expression de son génie était *Guernica*. Ces quatre-vingts toiles semblaient d'abord annoncer une nouvelle manière; elles s'étaient pourtant succédé, de loin en loin, depuis 1919. Par leur rapprochement, Picasso isolait le virus de son art. Le virus, non le ferment, car certaines de ses œuvres capitales (et d'abord *Guernica*) appartenaient à un autre monde, sinon à une autre peinture. Nul ne pouvait savoir que ces fragments d'aérolithes deviendraient les annonciateurs des Tarots.

« Hein, c'est pas mal? dit-il.

— Comme coup de poing dans l'estomac, c'est même sérieux. Savez-vous à quoi ça me fait penser? Aux *Demoiselles d'Avignon*. Aussi à certaines photos de vos sculptures. C'est la " terre inconnue " de votre art.

— Pourquoi pas? La peinture, c'est la liberté... A force de sauter, on peut retomber du mauvais côté de la corde. Mais si on ne risque pas de se casser la gueule, comment faire?, on ne saute pas du tout.

« Il faut réveiller les gens. Bouleverser leur façon d'identifier les choses. Il faudrait créer des images inacceptables. Que les gens écument. Les forcer à comprendre qu'ils vivent dans un drôle de monde. Un monde pas rassurant. Un monde pas comme ils croient... »

(Je me souvins du récit de sa première visite au Trocadéro : « Moi aussi, je pense que Tout, c'est inconnu, c'est ennemi. »)

« Je ne savais pas que ces figures existaient depuis si longtemps..., répondis-je.

— J'ai peint *Les Amoureux* aussitôt après l'autre guerre. La *Femme à l'artichaut,* l'année dernière. Toutes celles-ci, à gauche, depuis quelques mois. »

Il sourit, ironique et inquiet :

« Qu'est-ce qu'elles veulent dire? »

Lorsqu'il prenait l'expression naïve (son air meunier-de-comédie, disait Braque) qui lui était chère pour mystifier ses interlocuteurs, il s'exprimait volontiers par interrogations : « Comment voulez-vous qu'une femme fasse une bonne nature morte avec un paquet de tabac, si elle ne fume pas? » ou encore, bras écartés et mains ouvertes : « Puisqu'ils disent que je dessine aussi bien que Raphaël, pourquoi ils ne me laissent pas dessiner tranquille? » Mais aussi : « Est-ce que nous allons nous décider à parler de la peinture? Ah! si j'étais artiste-peintre!... » Et de continuer, avec une gravité soudaine et lasse : « Tout de même, avant de mourir, je voudrais deviner cé qué c'est, la couleur...

— Vous le savez mieux que moi, répondis-je. Elles veulent dire ce que rien autre ne pourrait dire. Toutes en chœur, elles le crient. »

J'ajoutai, non sans une admiration un peu amère : « Elles disent aussi : " Écrit sur les murs de la prison. " Et enfin que, depuis tant d'années, ces œuvres intraitables créaient un monde de peinture qui n'avait jamais existé; évidemment très différent du monde architectural et cézannien du cubisme...

— Le Louvre de Cézanne, dit-il, ne devait pas être très différent du mien. Ce qui est très différent, c'est justement ce qui n'est pas au Louvre... »

Il savait combien de résurrections avaient accompagné ses expositions, depuis la sculpture romane jusqu'à la mexicaine, depuis les masques nègres jusqu'aux tableaux naïfs, depuis les peintures préhistoriques jusqu'à toutes les formes de l'agressivité. C'était avec lui, que la création artistique se retrouvait jusqu'aux cavernes, parce que cette aventure se poursuivait parallèlement à la sienne. Je lui montrai des photos agrandies de monnaies gauloises et de Fécondités sumériennes, alors presque inconnues. On venait de me les envoyer. Il les regarda, puis les vit; son visage devint instantanément le masque intense qu'il prenait lorsqu'il peignait, un masque de lézard habité par les esprits. Pourquoi lézard? Son visage était rond. A cause des pommettes, des yeux sans blanc — et si noirs? Un effet de lumière suggérait une moustache blanche en brosse. Autre masque. Elle eût supprimé l'étonnement, l'insolite, l'eût transformé en personnage trapu. Il étudiait les faces des monnaies, éclatées en fragments de haches, en bâtonnets brisés, en virgules, en boules; et une Fécondité sumérienne vaguement parente d'une de ses sculptures, yeux en anneaux dans la corolle qui formait la tête. Son visage redevint lentement joyeux, retrouva celui de Picasso; il me rendit les photos, avec l'air d'avoir trouvé un trésor dans son propre jardin :

« Qu'est-ce que vous faites de ça? »

C'est alors qu'il m'interrogea sur le Musée Imaginaire. Mon essai n'avait pas encore paru. Pourtant Picasso savait qu'il n'y était pas question du Musée des Préférences de chacun, mais d'un musée dont les œuvres semblent nous choisir, plus que nous ne les choisissons. Je lui dis à peu près ceci :

Relisez Baudelaire, vous serez stupéfait de constater à quel point notre musée, en un siècle, est devenu différent du sien. J'essaie de faire l'inventaire.

D'abord, tout ce que nous avons découvert depuis 1900 : Asie, Afrique, Amérique précolombienne. Ce que nous avons ressuscité : Byzance et l'art médiéval. Pour Baudelaire, la sculpture commence à Donatello.

Ensuite, la disponibilité de ces découvertes et de ces résurrections, apportée par la photo. Qui nous apporte aussi les fresques, les vitraux, la statuaire médiévale — les œuvres intransportables.

La nature du musée. Le Louvre n'est pas une galerie d'antiques développée : il est autre chose, et pose d'autres questions. Il est le lieu de l'art, alors que la galerie était le lieu de la beauté : « Enlevez-moi ces magots! »

Le Musée Imaginaire, qui ne peut exister que dans notre mémoire, n'est pas non plus un Louvre développé. Celui de Baudelaire accueille quatre siècles; le Musée Imaginaire, cinq millénaires, l'immémorial sauvage et préhistorique. Presque toutes les œuvres des hautes époques sont nées dans des civilisations où l'idée d'art n'existait pas. Les dieux et les saints sont devenus des statues; la métamorphose est l'âme du Musée Imaginaire. La foule des œuvres de toutes les civilisations n' " enrichit " pas le Louvre, elle le met en question.

La prise de conscience par les peintres, à partir

d'*Olympia,* d'un " fait pictural " commun à toutes les écoles : la naissance du Musée Imaginaire et celle de l'art moderne sont inséparables, et le rôle de révélateur joué par *Olympia* est repris par *Les Demoiselles d'Avignon.*

J'en étais là. Cette entreprise de déménagement ne lui déplaisait pas.

« Oui, dit-il, bien sûr... Qu'est-ce qué c'est, la peinture? »

Le soir commence à tomber sur l'atelier, bizarrement mal éclairé.

« Ce que fait Braque maintenant, dit Picasso, ne ressemble plus beaucoup à ce que je fais. Pour lui, la bagarre est finie! Mais si je lui donnais ma collection, il serait très content, non? Pourquoi Derain collectionne les plaques scythes, et pas moi? Elles me ressemblent, et pas à lui! Pourquoi Matisse achetait des fétiches avant nous? Qu'est-ce qu'ils ont à voir avec lui?

— Ils s'accordent à ses tableaux, mieux que sa propre sculpture. Les marchands le savent bien. Les grands artistes d'une époque ont le même Musée Imaginaire, à un quart près. »

Je lui raconte la rencontre de Degas avec Bonnat sur l'impériale de l'omnibus, la stupéfaction de Degas à l'énumération des tableaux anciens qui forment aujourd'hui le musée de Bayonne. Le plus célèbre des Pompiers aimait les mêmes œuvres que les plus audacieux Indépendants. « C'est drôle, la vie, avait dit Degas. Enfin! chacun a suivi son chemin... » Ils savaient qu'ils ne se reverraient plus. Ils se séparèrent en se serrant chaleureusement la main...

« Quand les gens veulent comprendre le chinois, dit Picasso, ils pensent : il faut que j'apprenne le chinois, non? Pourquoi, ils ne pensent jamais qu'il faut qu'ils apprennent la peinture?

— Vous le savez bien. Ils pensent que puisqu'ils jugent du modèle, ils peuvent juger du tableau. Ils commencent, seulement aujourd'hui, à se dire que le tableau n'imite pas toujours le modèle. A cause de vous, du cubisme, et des arts qu'ils commencent à découvrir, ceux des hautes époques, les arts sauvages, etc. Ces arts n'imitent pas de modèles non plus, ou pas trop. Dès que l'art gothique a cessé de s'expliquer par la maladresse, tout l'ancien système a été condamné à mort. Maintenant, les non-artistes, au Louvre, sont les gens qui admirent ce par quoi les tableaux sont ressemblants; les artistes, ce par quoi ils ne le sont pas...

— Les gens disent : je ne suis pas musicien, mais ils ne disent jamais : je ne suis pas peintre.

— Parce qu'ils pensent : je ne suis pas aveugle. Ils ne croient pas devoir apprendre la ressemblance, ni la beauté...

— Laquelle?

— L'idéalisation, je suppose. Donc, ils jugent allégrement.

— On juge toujours, quand on ne sait rien!

— C'est toute la question. Dès que l'art moderne est entré en jeu, à quoi s'est-il référé? A...

— A la peinture!

— C'est-à-dire aux tableaux et aux sculptures qui nous habitent — ce que j'appelle : le Musée Imaginaire. Mais alors que les gens croyaient connaître la beauté et la ressemblance, ils ne connaissaient pas de Musée Imaginaire, n'en soupçonnaient même pas l'existence. Quand ils allaient au Louvre...

— S'ils allaient y chercher la ressemblance et la beauté, ils ne pouvaient pas voir les tableaux. On croit qu'on regarde, non? Ce n'est pas vrai. On regarde toujours à travers des lunettes. »

Il parle fort bien de ces lunettes que les créations des artistes imposent aux spectateurs. Non pas de " la nature imitant l'art ", mais du filtre qui colore le regard au moment où il se pose sur l'objet; de l'intention préconçue qui fit croire que le sèche-bouteilles de Marcel Duchamp était une sculpture parce qu'on le présentait dans une exposition, et que les sculpteurs nègres étaient maladroits, parce qu'on était assuré qu'ils voulaient imiter leurs voisins, ou la nature.

« Il faut obliger les gens à voir les tableaux malgré la nature, évidemment. Mais qu'est-ce que c'est, la nature ? »

Je me souviens de sa réponse de jadis, à un journaliste du genre malin qui lui demandait : « Monsieur Picasso, doit-on peindre les pieds rectangulaires ou carrés ?

— Jé né sais pas, il n'y a pas de pieds dans la nature. »

Je lui réponds :

« Le berger Giotto dessine bien mal les moutons, mais quand les gens ont compris que les peintres ne se référaient plus à la nature, ils n'ont pas été contents du tout : l'art moderne commence à *Olympia,* et *Olympia* est le premier tableau qu'on ait dû faire protéger par la police.

— Vous êtes sûr ?

— Tout à fait. Et c'est d'autant plus curieux, que le tableau n'est pas érotique. Il s'agit bien de peinture. Or, si elle ne plaisait pas aux protestataires, ils n'avaient qu'à ne pas l'acheter. Ce qu'ils ont fait, d'ailleurs.

— Les gens ont toujours eu envie de détruire la peinture qu'ils détestent. Ils ont raison. Contre *Les Demoiselles d'Avignon,* ils n'ont rien fait, c'est drôle...

— Quand le connétable de Bourbon a pris Rome, ses archers ont choisi pour cible l'*École d'Athènes...*

— Ils n'aimaient pas Raphaël, non? Déjà cubistes!

— Pendant des mois, tous les personnages : Platon, qui était Léonard de Vinci, et je ne sais plus lequel, qui était Michel-Ange, et tous les autres, ont eu des flèches plantées dans les yeux... Belle scène pour un film.

— Pas étonnant. Les gens n'aiment pas la peinture. Ce qu'ils voudraient, c'est savoir ce qui sera bien dans cent ans. Ils croient que si on saute par-dessus, on a gagné. Ils devraient tous être marchands de tableaux. Pourtant, la peinture, on ne sait pas comment ça vit. Comment ça meurt. Personne ne peut parler de la peinture. Je peux parler de Van Gogh. Peut-être. Pas de la peinture. Elle me fait faire ce qu'elle veut : aller loin, aller très loin, aller encore plus loin, et que ça se tienne... Seulement, voilà! que ça se tienne... en face de quoi?

— De votre Musée Imaginaire... »

Il réfléchit, répond :

« Si vous voulez. Pas seulement. »

J'ai moins envie d'engager une discussion, que de le pousser à parler. Je lui demande pourtant s'il ne croit pas qu'après Manet, les œuvres abandonnent le domaine de leur création : caverne, temple, palais, tombeau, cathédrale, salon, pour entrer dans un domaine commun, où elles se réfèrent les unes aux autres : les archaïques grecs aux statues-colonnes, à la dernière *Pietà* de Michel-Ange, aux masques nègres?

« Les gens ne sont pas contents, répond-il, parce qu'ils veulent que si un peintre pense à Kazbek, il imite Kazbek. Le mot : chien, avec des lettres, n'imite pas un chien!

— Le caractère chinois non plus, du moins depuis longtemps.

— Il le nomme. Le peintre doit nommer. Si je fais un nu on doit penser : c'est un nu. Pas celui de Mme Machin.

— Ou de la déesse Machin. Mais l'amateur veut un nu de Picasso.

— Il le sera de toute façon, si j'arrive à nommer le nu. Bien sûr, c'est difficile. C'est la peinture. En peinture, les choses sont des signes; nous disions des emblèmes, avant la guerre de quatorze... Qu'est-ce que ce serait, un tableau, si ce n'était pas un signe? Un tableau vivant? Ah, bien sûr, si on était artiste-peintre! Mais quand on est seulement Cézanne, ou le pauvre Van Gogh, ou Goya, alors on peint des signes.

« Vous êtes d'accord, vous, le Chinois, non? »

Les cubistes ont compris très tôt que le moyen privilégié de la peinture est le signe émotif. La liberté de Picasso a rarement accepté de se libérer de lui. Son art en a besoin pour rivaliser avec la nature, et même pour la détruire.

110

Il désigne du geste le groupe le plus arbitraire des tableaux posés le long des murs. Ces figures tantôt révulsées et tantôt géométriques, signes animés par un même conflit acharné avec ce qu'ils signifient, s'unissent dans un caractère commun aux figures nouées et aux figures anguleuses; toutes semblent ligotées par leur cadre. L'équerre frénétique de la *Femme qui pleure* est déjà célèbre; sa liberté a paru préparer un nouveau style, peut-être un nouvel expressionnisme. (C'était mal connaître Picasso.) Mais l'écriture sauvagement libre des toiles que je regarde échappe à cette fureur enchevêtrée. De façon variable, au cours de tant d'années...

« Les caractères chinois, dis-je, se réfèrent à une signification connue; ces tableaux-ci se réfèrent à une signification inconnue, même s'ils sont des portraits de Dora Maar. Et puis, pour un Chinois, le monde du signe est respectable; c'est un peu celui de l'algèbre pour les Occidentaux. Ils respectent les équations; mais ils ne connaissent que deux sortes de signes : les dessins d'enfants, graffiti, " bonhommes ", etc., et les caricatures. Vous attaquez aujourd'hui le visage d'une façon beaucoup plus inquiétante. On n'ose plus parler d'infantilisme, de snobisme, de mystification...

— Oui. Pourquoi?

— Vos tableaux valent trop cher. Pendant la Résis-

111

tance, j'ai eu pour collaborateur, un médecin du Lot. " Votre Picasso, ça n'existe pas, c'est du snobisme, de la mystification, il l'avoue lui-même! " Bien. Cette année : " Votre Picasso, j'en fais autant, seulement, lui, il les vend des millions, dans tous les pays du monde. Pas moi! Vous me direz que c'est bien organisé, qu'il y a les marchands de tableaux? Sûrement, mon colonel, mais ça ne suffirait pas. Tant d'argent, et en changeant tout le temps! Il aurait pu continuer les trucs bleus qu'on a photographiés partout, c'était compréhensible, au moins! Non, je ne suis pas superstitieux, mais il y a du sorcier dans ce garçon-là... " »

Le mot sorcier plaît à Picasso. Il s'accorde à la transe de certaines de ses formes, à ses figures de grimoire, à sa puissance de métamorphose. Il aime les chauves-souris, il a recueilli des scorpions et des petits hiboux, et fait passer les seconds dans ses toiles, en attendant les colombes. Il connaît la part mystérieuse de son génie, ses crises paludiques d'invention. Je lui ai dit un jour au sujet de Lawrence d'Arabie, que la légende des monstres sacrés n'allait pas sans une part de mystère. « Oui, m'a-t-il répondu, mais quand ce sont des peintres, il faut que le mystère soit dans la peinture... » Il aime pourtant que sa sorcellerie lui échappe un peu, et regrette de comprendre si bien mon brave médecin, qui le comprend si mal.

« Tout de même, qué des gens qu'ils ne comprennent rien à ma peinture, s'occupent tellement de moi, c'est drôle, non? Au fond, c'est drôle aussi, ceux qui comprennent la peinture, quand ils ne sont pas des peintres... C'est qui?

— D'abord, ceux qui en ont besoin?... La suite nous mènerait loin, je crois. Les mauvais peintres aussi, aiment la peinture...

— Pas la même.

— Parfois la même... Voyez Bonnat! Enfin, je voulais dire que maintenant, tout le monde sait que vos signes signifient quelque chose. Mais quoi?

— Ça les ravage. Qu'est-ce que ça peut leur faire? Tout de même, les Arlequins cubistes sont dans les magazines...

— Par une confusion avec la décoration, surtout avec les décors de théâtre. Mais la période nègre... Et ces toiles-ci!...

— Les gens commencent *toujours* par ne pas comprendre! Après, c'est seulement comme s'ils comprenaient. Mais ça, c'est formidable. Parce que moi, je ne sais pas du tout ce qu'ils comprennent. Quand on est mort, bon. Je ne suis pas mort. Ils ont pris l'habitude? Il y a autre chose. Tenez, Apollinaire, il ne connaissait rien à la peinture, pourtant, il aimait la vraie. Les poètes, souvent, ils devinent. Au temps du Bateau-Lavoir, les poètes devinaient... »

J'ai vu pour la première fois Utrillo, hagard, accompagné d'un gorille stupéfiant, chez l'épicière de Montmartre où déjeunait Max Jacob. Utrillo ne savait plus que deux mots. Ses paupières très lourdes se levèrent sur un vide désolé, il me demanda : « Peintre, ou poète ? », s'assit et s'endormit.

Je réponds :

« En ce sens, Baudelaire, qui n'était pas musicien, a deviné Wagner...

— Mais vous ne trouvez pas que c'est drôle ? Quand on commence un tableau, on ne sait jamais ce qu'il va devenir. Quand il est fini, on ne le sait pas non plus. La peinture, on dirait qu'elle mûrit pour devenir bonne à manger. Voyez pour Cézanne, pour Van Gogh. Les gens ne comprennent pas que c'est moi, Van Gogh, non ? Ça ne fait rien : nous ne sommes pas pressés... »

Il parle sur le ton de la plaisanterie ; je crois qu'il ne plaisante qu'à demi. Il se moque. De lui-même ? Plutôt de tout, comme il semble ricaner des formes humaines dans certaines de ses figures. Sa plaisanterie grince.

« Van Gogh, dis-je, mort au même âge que Claude Monet, serait mort à la veille de la guerre, en 1939... Il aurait été, de son vivant, plus célèbre au Japon que Raphaël. Mais la victoire tardive des génies maudits est une chose, les résurrections du Musée Imaginaire en sont une autre. Pendant des siècles, les fétiches ont été des bonshommes.

— Ils existaient quand même.

— Pour le dieu de la sculpture?

— C'est ça qu'il faudrait comprendre. Personne ne l'a expliqué. Mettons qu'on les ait oubliés. Non, n'allons pas si vite! après tout, Rembrandt a copié, comme ils disent, des miniatures indiennes, non?

— Oui. Et Dürer a étudié les statuettes aztèques qu'on lui a montrées à Anvers. On a pourtant cessé de *voir* l'antique pendant un bon moment; la sculpture romane, pendant cinq bons siècles. Théophile Gautier, de passage à Chartres, n'a pas fait le détour, quatre cents mètres! pour regarder la cathédrale. Et les statues-colonnes n'étaient pas enfouies, et les plus célèbres antiques ont orné l'Hippodrome de Byzance. »

Il dresse mystérieusement l'index :

« Je vais vous montrer quelque chose... »

Il m'entraîne dans une petite pièce voisine, tire de sa ceinture un trousseau de clefs, ouvre une armoire métallique. Sur les rayons, ses statuettes très allongées que l'on appelait alors les *Crétoises,* une idole-violon des Cyclades, deux moulages de statuettes préhistoriques :

« La *Vénus* de Lespugue?

— Oui. »

L'un des moulages est celui de la statuette mutilée ; il en a trouvé un de la statuette reconstituée : le buste et les jambes jointes surgissent symétriquement du puissant volume de la croupe et du ventre.

« Je pourrais la faire avec une tomate traversée par un fuseau, non ? »

Il y a aussi de ses cailloux gravés, de ses petits bronzes, un exemplaire du *Verre d'absinthe,* et le squelette d'une chauve-souris. Il tire d'un rayon une *Crétoise,* me la tend. Les photos n'en transmettent pas l'accent incisif.

« Je les ai faites avec un petit couteau.

— De la sculpture sans âge...

— C'est ce qu'il faut. Il faudrait aussi peindre de la peinture sans âge. Il faut tuer l'art moderne. Pour en faire un autre.

« Tout le monde, exactement tout le monde, jusqu'à nous, a trouvé moches les idoles en violon. Moi, je trouve que la mienne n'est pas moche. Vous aussi. Tous nos amis. On l'a oubliée longtemps, sûr. L'histoire du goût, je m'en fous. Même, ça me plaît, qu'on l'ait oubliée ! Sans ça, elle serait immortelle ! Mais pour nous, elle est là. Elle est là. On dit : nous aimons ce qui nous ressemble. Ma sculpture ne lui ressemble pas du tout, à mon idole ! Elle ne devrait être aimée que par Brancusi, alors ? Les ressemblances ! Dans *Les Demoiselles d'Avignon,* j'ai peint un nez de profil dans un visage de face. (Il fallait bien le mettre de travers, pour le nommer, pour l'appeler : nez.) Alors, on a parlé des Nègres. Avez-vous jamais vu une seule sculpture nègre, une seule, avec un nez de profil dans un masque de face? Nous aimons, tous, les peintures préhistoriques; personne ne leur ressemble! »

Au temps de *Guernica,* il m'a dit, dans ce même atelier : les fétiches ne m'ont pas influencé par leurs formes, ils m'ont fait comprendre ce que j'attendais de la peinture. Il tient et regarde l'idole-violon des Cyclades. Son visage naturellement étonné redevient le masque intense qu'il a pris quand il a regardé les photos. Changement instantané. Télépathique. (Braque m'a parlé de son « côté somnambule ».) Il n'a pas fait un geste, il continue à parler; la lumière et l'atmosphère sont les mêmes; des bruits continuent à monter de la rue. Mais il vient d'être pris d'une angoisse et d'une tristesse communicatives. Je l'écoute, et j'entends une phrase qu'il disait au temps de la guerre d'Espagne : « Nous, les Espagnols, c'est la messe le matin, la corrida l'après-midi, le bordel le soir. Dans quoi ça se mélange? Dans la tristesse. Une drôle de tristesse. Comme l'Escurial. Pourtant, je suis un homme gai, non? » Il semble gai, en effet. Par un mélange de jeunesse, presque d'enfance, et d'activité, qui donne l'impression qu'il joue, et qu'il s'amuse. Sauf lorsqu'il peint. Pourtant, en quelques secondes, la mer joyeuse s'est retirée de ce visage de sable. Il est en train de dire :

« De temps en temps, je pense : il y a eu un Petit Bonhomme des Cyclades. Il a voulu faire cette sculpture épatante, comme ça, non? exactement comme ça. Il croyait faire la Grande Déesse, je ne sais quoi. Il a fait ça. Et moi, à Paris, je sais ce qu'il a voulu faire : pas le dieu, la sculpture. Il ne reste rien de sa vie, rien de ses espèces de dieux, rien de rien. Rien. Mais il reste ça, parce qu'il a voulu faire une sculpture. Qu'est-ce que c'est, notre... nécromancie? Et ces trucs magiques, qu'ont les peintres, les sculpteurs, depuis si longtemps? Quand on croyait à la beauté immortelle, aux conneries, c'était simple. Mais maintenant?

— Vous n'avez pas choisi d'aimer la sculpture des Cyclades. Ni les masques nègres. Pourquoi les œuvres que vous aimez existent-elles ensemble dans votre esprit? Je crois que c'est par leur présence commune. Ce n'est pas tout à fait clair pour moi... Vous venez de dire que cette idole est là. Je le pense aussi. Nous ne le pensons pas de l'Apollon du Belvédère. Le Musée Imaginaire de chacun, ce sont les œuvres présentes pour lui. Les statues survivaient parce qu'elles étaient des œuvres d'art, elles sont aujourd'hui des œuvres d'art parce qu'elles survivent... »

Il a l'esprit très rapide, mais le goût de réfléchir

lorsqu'une idée lui semble concerner sa relation avec la peinture :

« C'est intéressant... On peut me dire ce qu'on veut d'un tableau qui n'est pas là quand je le regarde, ça m'est égal. Les autres tableaux, c'est pour les historiens; c'est comme les amis, il y a ceux qu'on aime et ceux qui nous sont indifférents. Mon idole est devenue une sculpture? oui, le fétiche aussi. Sûr. Ça ne s'arrêtera pas avec nous, non? Des fois, je *vois* l'atelier, toutes les choses qui sont là. Comme je vois les choses avant de peindre, avant de penser à m'en servir. Qu'est-ce que ça deviendra? Mes toiles d'autrefois ont beaucoup changé. Pas les couleurs : les toiles. Aussi les sculptures. Et je suis vivant. Après... Et Van Gogh? Et Cézanne? Je vous ai dit : on ne sait pas comment ça vit, la peinture... »

Il veut dire : l'art, mais ce mot est tabou. Les mots majeurs de notre vocabulaire : amour, mort, Dieu, révolution tirent leur force de sens superposés; pour lui, " peinture " fait partie de ces mots-là.

De la main qui tient le petit violon de marbre, il désigne, dans un coin, sa *Femme au feuillage* :

« Les feuilles, elles ont été bien étonnées de se trouver dans ma sculpture, non? »

Il parle de la façon la plus simple. Ni chiqué ni maladie. Mais il ressent la métamorphose comme les médiums ressentent leur état second. Les feuilles sont entrées dans sa sculpture, en effet. Il a imaginé le taureau redevenu guidon et selle, parti sur deux vélos. Il a parlé de rejeter à la mer les galets qu'il a sculptés. « Que penseraient ceux qui les trouveraient, plus tard ? » Les guitares en désordre dans la pièce voisine, il les a collectionnées *après* avoir peint ses tableaux à guitares. De ses nouvelles toiles, il dit : il en arrive ! De celles qu'il achève : je les laisse comme ça. Il a parlé de ses paysages comme s'ils étaient entrés en lui et en étaient sortis tableaux. Après *Les Demoiselles d'Avignon,* son œuvre devient une métamorphose inépuisable. Il vit en elle. La *Femme à la poussette* ne sera pas une " interprétation ". Lorsque les journalistes disent : le sorcier Picasso, ils expriment à la va-vite le pouvoir profond et trouble qu'il possède et peut-être exorcise. Même l'ensemble de son œuvre, par la nature et la succession des périodes, est hanté par la métamorphose, comme l'œuvre d'aucun artiste ne le fut avant lui. Je n'ai pas oublié les cafards posés au pied de *Guernica.*

Il a repris sa gaieté étonnée. L'émerveillement ironique est une de ses expressions familières. Séparé du Petit Bonhomme des Cyclades. Déconnecté des siècles.

« Mes feuilles, bon. Des feuilles domestiques, comme Kazbek. Mais le violon, ce n'est pas une feuille. Quand même une sorte de feuille, non ? L'arabesque, la symétrie... J'ai mis des morceaux de guitare dans mes tableaux. Braque et Gris aussi. Et puis, tout le monde. Maintenant je me demande : le petit sculpteur, il l'a inventé, le violon ? Invention formidable ! Si vous raccordez le haut à gauche et le bas à droite, en coupant au milieu du cran, c'est un nu, de profil ! Inventé, découvert ? Je ne veux pas dire : est-ce qu'on l'avait fait avant, je veux dire : est-ce que nous avons un violon en nous, qu'il a reconnu comme moi je reconnais sa sculpture ?

— C'est un peu ce que Jung appelle l'archétype, qu'on connaît seulement par les formes qu'il prend. Comme la mère-vinaigre, explique-t-il.

— Je veux dire : est-ce qu'il y a des formes, un peu vagues comme le projet d'un tableau, qui se précisent, qui se réincarnent ? Pourquoi ? Parce qu'elles correspondent à quelque chose de profond en nous, très profond ? Par la forme elle-même, ou parce qu'elle exprime quelque chose ? Vous comprenez : la symétrie, ce sont des formes, mais c'est aussi notre corps, non ?

— On vous a parlé de l'image de la Vierge apparue à Bernadette ?

— Quelle Bernadette ?

— Celle de Lourdes. Elle a vu la Vierge de la grotte. Elle entre au couvent. Des âmes pieuses lui envoient toutes sortes de statuettes de Saint-Sulpice. Elle les flanque dans un placard. Stupéfaction de la Supérieure : " Ma fille, comment pouvez-vous mettre la Sainte Vierge dans un placard? — Parce que ce n'est pas elle, ma Mère! " Re-stupéfaction. " Ah?... et comment est-elle? — Je ne peux pas vous expliquer... " La Supérieure écrit à l'évêque, qui apporte les grands albums des principales images de la Vierge, ceux du Vatican. Il lui montre Raphaël, Murillo, etc. N'oubliez pas que ça se passe sous le Second Empire, qu'elle est une jeune paysanne, bergère je crois, qui n'a certainement vu, dans son bled, que des Vierges sulpiciennes, baroques à la rigueur. Elle fait non de la tête, toujours non. Au hasard des feuillets, passe la Vierge de Cambrai, une icône. Bernadette se lève, exorbitée, s'agenouille : " C'est elle, Monseigneur! "

« Je vous l'ai dit, la Vierge de Cambrai est une icône. Repeinte, ornée de vagues angelots; mais ni mouvement ni profondeur, aucun illusionnisme. Le sacré. Et Bernadette n'avait jamais vu d'icône... »

Il réfléchit :

« Vous êtes sûr?

— Les lettres de l'évêque ont été publiées. Et à qui aurait servi le mensonge?

— Une intrigue des cubistes!... Tout de même, je voudrais bien la voir, sa Vierge...

— Elle est toujours à Cambrai. Je vous enverrai la photo.

— Quand ? »

Maintenant, il est pressé.

« Cette semaine, j'espère... Le temps de la retrouver ; je crois savoir où elle est.

— Que la fille l'ait reconnue, c'est drôle... Mais que les Byzantins l'aient inventée, c'est étonnant aussi, tout de même !... Il faudra réfléchir. C'est intéressant. Très intéressant. D'où vient-elle ? Pourquoi est-ce que j'aime ma Vénus préhistorique ? Parce que personne ne sait rien d'elle ; la magie, ça va ! j'en fais aussi ! J'aime aussi les Nègres pour ça, mais on commence à savoir, enfin, on croit... »

Je me dirige vers l'atelier. Il m'accompagne. Il semble avoir rangé la Vierge de Cambrai dans un coin de sa mémoire, et penser à haute voix, comme s'il prenait maintenant conseil des formes révulsées que nous retrouvons :

« Nous avons dans la tête un musée qui n'est pas le Louvre, sûr. Qui lui ressemble. Qui ne lui ressemble pas. Mais attention : seulement dans la tête. Les intellectuels, ça ne les gêne pas. Au contraire. Les peintres, ça les gêne. L'idée d'un tableau...

— En l'occurrence : le souvenir, ou la reproduction...

— ...ce n'est pas un tableau.

— Le Musée Imaginaire est nécessairement un lieu mental. Nous ne l'habitons pas, il nous habite.

— Il pourrait tout de même exister en réalité, non? Un petit. Avec des vrais tableaux. Il faudrait essayer. Comment faire? Dans notre tête, les époques des tableaux n'ont pas beaucoup d'importance. Mais si on fait une exposition? On ne peut pas mettre les tableaux par sujets, c'est idiot? Au hasard? Mais nous retrouverions la succession, non? Si on supprimait l'Histoire, qu'est-ce qu'ils diraient, les artistes-peintres? Le Douanier se mettait dans les modernes, avec les peintres électriques; moi, il me mettait avec les Égyptiens... Tout de même, ça vaudrait la peine. Le Musée Imaginaire de Van Gogh : Millet à côté de Rembrandt, et Mauve; vous connaissez Mauve? On mettrait ses ancêtres, à Van Gogh, on mettrait ses descendants.

— Le Musée Imaginaire de Baudelaire : pas de sculpteurs avant Puget, sauf Michel-Ange, pas de primitifs. *Les Phares* commencent au XVIe siècle... »

Il s'arrête devant la *Femme à l'artichaut.* L'arbitraire pur.

« Oui, répond-il. Nous avons fait du chemin... Votre Musée Imaginaire aussi... Parce que, pour un peintre, les choses qu'il aime s'y retrouvent. Elles sont ensemble, vous avez raison. Comprendre l'art nègre, c'est une chose. Comprendre l'art nègre avec les statuettes de Minorque, comment déjà? ibéro-phéniciennes? et *La Dame d'Elche,* et les idoles des Cyclades

(Zervos veut faire un grand livre sur cette sculpture-là, un inventaire) et les préhistoriques, c'est une autre chose, non? Surtout devant les originaux, pas les photos. Si on faisait une exposition. Les sculptures qui nous parlent, elles se parlent. Elles ne disent pas la même chose. Comme les tableaux. Musée ou pas, nous vivons dans les tableaux, sûr! Qu'est-ce qu'il dirait, s'il voyait *Guernica,* Goya? Je me demande. Je crois qu'il serait assez content? Je vis plus avec lui qu'avec Staline. Autant qu'avec Sabartès. Je peins contre les tableaux qui comptent pour moi, mais aussi avec *ce qui manque* à ce musée-là. Faites bien attention! C'est tout aussi important. Il faut faire ce qui n'y est pas, ce qui n'a jamais été fait. C'est la peinture : pour un peintre, le catch avec la peinture, le... l'exercice de la peinture, non? Les tableaux qui arrivent, même ceux qui n'arrivent pas, ça joue un aussi grand rôle que votre musée imaginaire. On en a un, mais on en change... Même pour peindre contre... »

Beaucoup d'autres peintres diraient, non pas : contre le Musée Imaginaire, mais : en face de lui.

« Est-ce qu'il n'y a pas aussi, une petite salle qui ne change pas?

— Tout de même, votre espèce de Musée, avec ses revenants copains, et mon idole, et ma Vénus... tout ça ne part pas de l'esthétique; c'est bien. Il faudrait d'abord faire comprendre aux gens que la création est rarement une chose esthétique.

— Celles des œuvres que nous sommes en train de ressusciter ne l'est presque jamais.

— Vous dites que je ne choisis pas d'aimer l'idole des Cyclades. C'est vrai. Des Grandes-Déesses de la vie, des Fécondités, j'en connais de toutes les sortes, sans parler de celle que vous m'avez montrée tout à l'heure. (Formidable!) Il n'y a que les sculpteurs des îles qui aient trouvé le moyen de les transformer en signes. D'habitude, elles sont plutôt fantastiques. Ou symboliques. Un peu comme la *Vénus* de Lespugue : des ventres. La mienne, celle que vous avez vue, elle me plaît, parce que j'aime la trouvaille du violon. Mais dans d'autres îles, le violon disparaît. Donc plus de ventre. C'est la déesse si vous voulez, enfin, l'objet magique, ce n'est plus la Fécondité. Il reste les petits seins sans volume, les lignes gravées pour les bras... Plus fort que Brancusi. On n'a jamais rien fait d'aussi dépouillé.

« Donc, vous avez raison, je suis bien obligé de les aimer. Je ne choisis pas. Mais est-ce que je choisis beaucoup de peindre ce que je peins? De peindre comme je peins, et pas autrement, oui! Mais... en travaillant, je me demande ce qui va entrer dans la toile, forcément. Je pars d'une idée, on ne part pas de rien; d'une idée vague. Il faut qu'elle soit vague.

Si un peintre ne sait pas trop ce qu'il veut, ça ne fait rien. Pourvu qu'il sache très bien ce qu'il ne veut pas.

« Quand je gagne, je le sais. Si je me trompe, l'avenir choisira. C'est son métier d'avenir, non ? La suite au prochain numéro. Il y a des toiles auxquelles on fait des enfants ; d'autres, on ne peut pas. Les bonnes, après, elles nous guident. Des bâtons de vieillesse ! Il en sort, il en sort ! comme des pigeons des chapeaux. Je sais ce que je veux, d'une façon vague, comme quand je vais commencer la toile. Alors, ce qui arrive est très intéressant. C'est comme les corridas : on sait, et on ne sait pas. Comme tous les jeux, au fond. Je peux dire : je fais mes œuvres complètes ; ça, c'est pour le catalogue de Zervos. Mais pour moi... Si je regarde ma main, c'est le destin, elle change au cours de la vie, non ? Je veux voir pousser mes branches. C'est pour ça que j'ai commencé à peindre des arbres ; pourtant je ne les peins jamais d'après nature. Mes arbres, c'est moi. »

Cette comparaison fait partie de sa pensée, car il m'a dit un jour « qu'il voulait faire pousser les branches, les siennes, bien sûr, pas celles de l'arbre ! ».

Il reprend :

« Pour couper les branches aussi. Qu'est-ce que c'est un tableau, une sculpture ? Ce sont des... des objets ? Non. Quoi ? Disons : des machins, ça ira. Des machins où les choses doivent rencontrer leur propre destruction. Le peintre prend les choses. Il les détruit. En même temps, il leur donne une autre vie. Pour lui. Plus tard, pour les gens. Mais il faut transpercer ce que les gens voient, la réalité. Déchirer. Démolir les armatures. »

L'ironie a disparu. Il résume sans aucun doute une pensée familière, car il parle d'abondance, dans un vocabulaire précis, qui trouve l'accent lacérant de sa peinture.

« Un peintre doit créer ce qu'il ressent. *Cuidado!* Ressentir, ressentir, on dit ça! Ce n'est pas : voir comme ça! Il ne s'agit pas d'interprétations. Regardez (il désigne la géométrie en transe de la *Femme qui pleure*) : Dora, pour moi, a toujours été une femme qui pleure. Bon. Un jour, j'ai pu la faire. »

Je pense à la seule phrase élogieuse que Léonard ait écrite sur sa propre peinture : « Un jour, il m'advint de peindre une chose réellement divine... » C'était *La Joconde*.

« J'ai pu la faire. C'est tout. C'est important, parce que les femmes sont des machines à souffrir. Alors, je retrouvais le thème. Comme pour *Guernica*. Pas longtemps après *Guernica*. Il ne faut pas trop savoir ce qu'on fait. Quand je peins une femme dans un fauteuil, le fauteuil, c'est la vieillesse et la mort, non? Tant pis pour elle. Ou bien, c'est pour la protéger...

Comme les sculptures nègres. Il y a de la peinture innocente. Les impressionnistes, enfin les Promeneurs, c'était de la peinture innocente. Pas les Espagnols. Pas Van Gogh. Pas moi. Les Hollandais, des fois, ils pourraient être espagnols, non? Van Gogh, Rembrandt...

« Le mot le plus important, peut-être c'est le mot : tension. La ligne devrait... ne même plus vibrer : ne plus pouvoir... Mais il n'y a pas que la ligne. Il faut trouver le plus grand écart. La tête qui devient un œuf. Les sculpteurs des Cyclades ont bien compris ça, pas dans les violons : dans les idoles qui sont des œufs obliques, fixés par un cou... Le corps et le végétal. Ça, dans ma *Femme au feuillage,* je l'ai fait. Aussi, déconcerter. Les têtes carrées, puisqu'elles devraient être rondes. »

Il a changé insensiblement de ton, retrouvé l'ironie, jusqu'à la limite de la parodie. Je pense à l'affirmation de Mallarmé : « Tout le mystère est là : établir des identités secrètes par un deux à deux qui ronge et use les objets, au nom d'une centrale pureté. » Mais Picasso ne dirait pas : pureté.

« Déplacer. Mettre les yeux dans les jambes. Contredire. Faire un œil de face et un de profil. On fait toujours les deux yeux pareils; vous avez déjà vu ça? La nature fait beaucoup de choses comme moi, elle les cache! Il faut qu'elle avoue. Je peins à coups de coqà-l'âne? Bon, mais qui se suivent! C'est pour ça que les gens sont obligés de compter avec moi. Comme je travaille avec Kazbek, je fais une peinture qui mord. La violence, les coups de cymbale... l'éclatement... En même temps, il faut que le tableau se défende. C'est très important. Mais les peintres veulent plaire! Un bon tableau, un tableau, quoi! il devrait être hérissé de lames de rasoir. »

Je n'ai jamais vu la plupart de ces tableaux, et ne l'ai jamais vu seul dans cet atelier-ci. Je prends soudain conscience de ma silhouette, de mon uniforme, comme si je me voyais moi-même. Conscience aussi, de l'aspect insolite de Picasso, auquel je n'ai prêté aucune attention : son imperméable trop long qui semble une blouse d'atelier, son petit chapeau d'étoffe conique, ses yeux étrangers à son masque. On m'a montré récemment un film américain où un acteur jouait le rôle de la Mort, vêtu aussi d'un imperméable; il attendait toujours au même endroit, des voyageurs qui allaient tous mourir du même accident. Picasso attend au passage ses prochains tableaux. Ceux qui l'entourent, il semble les avoir évoqués comme des esprits. Il pourrait avoir l'air d'un clochard, il a l'air d'un sorcier.

J'ai souvent éprouvé, jadis, cette sensation de " déjà vu ". Un aboiement vient de la rue.

« Qu'est-ce que ça veut dire : travailler? Aller plus

loin? Corriger, comment faire? On perd la sponta-
néité. Matisse croit au dépouillement. Pour les dessins, rien n'est meilleur que le premier jet. Et puis, la
toile vierge, c'est bien. C'est très bien.

« Après tout, on peut seulement travailler contre.
Même contre soi. C'est très important. La plupart des
peintres se fabriquent un petit moule à gâteaux,
et après, ils font des gâteaux. Toujours les mêmes
gâteaux. Ils sont très contents. Un peintre ne doit
jamais faire ce que les gens attendent de lui. Le pire
ennemi d'un peintre, c'est le style.

— Et de la peinture aussi?

— La peinture, elle le trouve quand vous êtes mort.
Elle est toujours la plus forte. »

Je pense que les styles ont joué dans l'histoire de
l'art un rôle immense. Mais je suppose qu'il ne veut
pas parler des styles (je me souviens de ce qu'il m'a
dit du Masque); il veut attaquer la constance, le moule
à gâteaux. Reste que tous ses grands rivaux ont été
obsédés par l'approfondissement de leur art; lui seul
est possédé par la rage de métamorphoser le sien.
Rage à laquelle répondait si étrangement ce qu'il me
disait de l'idole des Cyclades, et à quoi je n'ai guère
cessé de penser. « Il y a eu un Petit Bonhomme des
Cyclades... Il croyait faire une idole, il a fait une
sculpture, et je sais ce qu'il a voulu faire... » A côté
de moi dans l'atelier mal éclairé, il y a un petit

bonhomme coiffé d'un chapeau pointu, son frère. Je lui demande :

« Vous souvenez-vous de l'extraordinaire phrase de Van Gogh : " Je peux bien, dans la vie et dans la peinture, me passer du Bon Dieu. Mais je ne peux pas, moi, souffrant, me passer de quelque chose qui est plus grand que moi, qui est ma vie, c'est...

— ...la puissance de créer. " Il a raison, Van Gogh, il a bien raison, non ? Le besoin de création, c'est une drogue : il y a inventer, il y a peindre. Ce n'est pas pareil. Pourquoi faut-il toujours inventer ? Dans mille ans, tout ça !... Mais comment faire ? »

Je l'ai souvent entendu demander : comment faire ? avec ironie : les deux mots correspondent au masque étonné. Mais dans la pénombre, le ton de sa voix est sérieux.

« Van Gogh, dis-je, ne parle pas de postérité. Je suppose qu'il appelle créer : donner la vie à ce qui n'existerait pas sans lui ?

— Ça aussi. Il y a toujours eu des Petits Bons-hommes pour vouloir sculpter à leur manière, exacte-ment à leur manière. On les coupait, ils repoussaient. Comme l'amour des femmes pour les enfants.

« Plus tard il y a eu des artistes-peintres qui ont fait des peintures, des artistes-sculpteurs qui ont fait des sculptures. Heureusement, on n'a pas tout gardé : il y en aurait jusqu'à la lune ! Vous voyez ça ! tout ce qu'ont fait les artistes-peintres! Et on en faisait toujours; des belles filles et des femmes moches, des dieux et des pas-dieux! On savait toujours ce que c'était, malheureusement. Si on n'avait pas su, ça aurait pu être bien?... Enfin, quoi, haffreux! dégoûtant. Et puis, de temps en temps, mais sans faute, il y a eu le Petit Bonhomme. Des fois, clochard. Des fois, riche. Honoré. Ami du roi : Velâzquez. Rubens. Après, Rembrandt : on dit qu'on l'appelait le Hibou; vous croyez? Riche, pauvre, mais toujours un peu fou, non? Il n'y a pas de femmes. »

Le son de sa voix est aussi déconcertant que pendant son précédent monologue. C'est celui d'une surprise émerveillée. Il ne fait pas un numéro, car il improvise. Mais il joue. Un jeu d'autant plus troublant que cette volubilité ne s'accompagne pas de gestes. Les paroles sont seulement accordées au plissement ou à l'écarquillement des yeux si noirs, visibles malgré la pénombre.

« Et les sculpteurs préhistoriques! Pas tout à fait des hommes? Si. Sûrement. Très contents avec leurs sculptures. Pas du tout des artistes-peintres! Mais tous, ils voulaient sculpter ou peindre à leur idée. Goya, il mettait ses peintures noires dans sa salle à manger, pour les montrer seulement aux amis. Savez-vous ce que je pense, des fois? Ça m'amuse : je suis superstitieux. Je pense que c'est toujours le même Petit Bonhomme. Depuis les cavernes. Il revient, comme le Juif errant. Vos types de l'Inde, ils croient que les peintres se réincarnent comme peintres?

— Ça dépend de leurs mérites. Plutôt pas.

— N'y connaissent rien. Les peintres se réincarnent forcément comme peintres. C'est une race. Comme les chats. Plus que les chats. Alors, d'un côté, il y a toutes les images que les gens fabriquent. Énorme! très énorme! encore plus énorme! des montagnes! Des musées, des collections, Dufayel, les calendriers des postes, les timbres! De l'autre côté, il y a le Petit Bonhomme. Tout seul. Il regarde les artistes-peintres. Il attend qu'ils aient fini. Ils n'ont jamais fini. Alors, il rempile. Il revient. Encore une fois. Peut-être c'est moi, comment savoir? Il aime la corrida, forcément... »

Malgré l'improvisation des paroles, je crois qu'il parle d'un personnage auquel il a pensé. (Et que je retrouve dans les avatars d'un autre quidam inspiré, celui du *Peintre et son modèle,* qu'il appelait affectueusement : « Ce pauvre type... ») L'humour n'efface pas la grandeur sarcastique du petit fantôme chargé du pouvoir créateur comme le Père Noël de sa hotte, et qui, depuis des siècles, traverse le tourbillon des images inutiles dans le vent de la mort, avec l'acharnement de l'amour maternel.

« Et quand il y a plusieurs Petits Bonshommes à la même époque?

— Par erreur! Il y a toujours des erreurs, non? En sens inverse aussi. Des fois, il s'en va. Il a cru que Derain était un grand peintre, il a vu comment ça tournait, il est reparti. Chaque fois, il change de manière. Des fois, dans une seule vie. Jamais autant que moi. Mais il sait bien qu'au fond, on fait toujours la même chose : la peinture, la mort, la vie... »

L'ironie s'est éloignée. Il se tait. Je lui réponds :

« Vous m'avez parlé du thème de la mort, au sujet des *Fusillades* de Goya. Vous avez représenté des femmes enceintes depuis... combien? l'*Étreinte* est de 1905?

— 1903.

— La naissance et la création sont peut-être aussi profondes, aussi troublantes que la mort — et pour les mêmes raisons...

— Je descends avec vous : je vais à Saint-Germain-des-Prés. »

Dans l'escalier très sombre, sa voix, derrière moi, a retrouvé la blague :

« J'ai oublié de vous montrer mes assiettes. J'ai fait des assiettes, on vous a dit? Elles sont très bien. (La voix devient grave.) On peut manger dedans. »

Nous nous séparons sur le trottoir. La nuit est

belle — comme lorsque Max Jacob, jadis, m'a montré pour la première fois le Bateau-Lavoir amarré dans la nuit d'été : les arbres, le réverbère devant la fenêtre de Juan Gris, personne sur la petite place intime comme un rêve. La voiture démarre. Ni Picasso ni moi ne savons que j'organiserai, vingt ans plus tard, la plus vaste exposition de ses œuvres... Ni que trois mois après sa mort, la Fondation Maeght, à côté de Notre-Dame-de-Vie, tentera pour la première fois d'incarner un Musée Imaginaire — dans lequel il eût retrouvé presque tout le sien.

V

A Saint-Paul-de-Vence, la Fondation Maeght, la seule fondation française comparable aux grandes fondations américaines, dresse au-dessus des arbres de Renoir ses toits en pagode. Je l'ai inaugurée, sans la voir, une nuit de 1964. Au ras du sol, les fumées de Giacometti tremblaient dans l'ombre; Miró avait fiché sur le firmament provençal, les cornes de ses diables et la fourche de son enfer ingénu. Les voici. Les petites filles qui m'avaient apporté les clefs de la Fondation sur un beau coussin grenat sont mariées.

Exposition *André Malraux et le Musée Imaginaire.* Beaucoup de documents : livres, photos, etc., me concernent. Je n'aurai pas le temps de les étudier. Peu importe. Je pense ce que pensait Picasso, de ses expositions : tout ça concerne un type qui s'appelait comme moi.

On me remet le catalogue. Profusion de tableaux illustres : tous nos plus grands peintres, et, dans les salles de peinture ancienne, l'un des derniers Titiens, le Greco à côté du Tintoret; Poussin, Velázquez. Sculptures : Inde, Chine, Cambodge, Sumer. Très beaux fétiches, masques d'Afrique, casques d'initiation océaniens. Les cinq parties du monde. Les plus grands musées, l'impératrice d'Iran, le gouvernement japonais, les collections ont envoyé des pièces capitales. La *Tête de prince,* Darius ou un autre, en lapis-lazuli. Au second étage, seul dans une pièce, veillé par son conservateur, *La Joconde* de l'Extrême-Orient : le *Shigemori* de Takanobu.

Ce n'est pas le Musée Imaginaire, puisque le Musée Imaginaire ne peut exister que dans l'esprit des artistes. Ce n'est pas son Trésor, parce que ce Trésor est fait d'œuvres majeures de l'humanité. Le vrai Trésor, c'est le film que projette la Fondation pendant l'exposition, et où les statues des grottes bouddhiques alternent avec celles des cathédrales. Il y a pourtant ici quelques chefs-d'œuvre de la statuaire asiatique. Il y a d'abord ce que ne possède aucun film : le conciliabule des œuvres, leur matière, leur grain, leur véritable voix. La *Pénélope* pillée sur l'Acropole et captive à Persépolis chuchote avec le *Roi-Serpent* du Guimet; l'une des plus belles esquisses de Delacroix avec le *Kaçyapa* de Long-Men; le *Berthe Morisòt* de Manet avec le *Roi* de Beauvais; *L'Apprenti Ouvrier* de Rouault, l'un des portraits majeurs du siècle, avec *Devant le tableau* de Chagall; Cézanne avec Van Gogh, Braque avec Picasso.

Ce Musée Imaginaire n'est que celui d'une vie : j'ai cité ces œuvres, ou leurs parentes, parce que je les ai rencontrées; un autre voyageur en eût cité d'autres. Et ce n'est que le Musée Imaginaire d'un homme. Mais c'est, pour les quatre cinquièmes, celui de tous les artistes d'aujourd'hui : comme la Bibliothèque de la Pléiade, bien que chaque écrivain, et même chaque lecteur, la complète à sa guise. Picasso voyait juste, quand il disait : « On devrait en faire un petit. » Que ce Musée soit incarné est aussi confondant que l'eût été la représentation de *Macbeth* ou du *Bourgeois gentilhomme* pour un lecteur de toutes les pièces illustres, qui ne serait jamais allé au théâtre.

Je retrouve au passage quelques-uns de mes projets. La maquette d'André Masson pour le plafond de l'Odéon. Celle de Chagall pour le plafond de l'Opéra.

Dialogue entre Khrouchtchev et le général de Gaulle, dans la loge présidentielle. Khrouchtchev, tout rond, montre le plafond du doigt : « Vous aimez ça? — Vous a-t-on dit que l'auteur est russe? — Alors c'est encore pire! Sûrement un Blanc! »

Les premières aquarelles de Braque pour les mosaïques de la Faculté des sciences, le *Faucheur* de Picasso, qui devait commémorer *Les*

Fleurs du mal. Au temps du général de Gaulle...

Jusqu'ici, l'impressionnisme et le réalisme sont absents. Comme de la collection de Picasso. Ce n'est pas le réalisme, qu'aimait celui-ci, dans son Le Nain paysan au poids de cariatide; je regrette pourtant l'absence du *Portrait de Baudelaire* de Courbet. Dans cette salle et même dans toute la Fondation, le réalisme, c'est Velázquez... Mais voici des Fauves. Monet croyait chercher à capturer des instants, alors qu'il cherchait le nouveau pouvoir de la couleur, qui allait emplir notre siècle; Monet ne figure pas ici. Ni chez Picasso. Les saints intercesseurs, comme à Mougins, sont Cézanne, Van Gogh et le Douanier.

La salle de la peinture moderne, Cour de nos plus grands maîtres présidée par une vaste toile du Douanier Rousseau : forêt hantée, tigre, chouette, soleil couchant. Je pense à ses tableaux de Mougins et des Grands-Augustins, à Picasso : « Le père Rousseau n'était pas un " naïf " meilleur que les autres, mais un coloriste de génie qui était naïf. Ce n'est pas parce que Goya est génial, que la peinture espagnole de son temps est bonne, non? »

Je me souviens de la première Biennale de Paris. Je venais de prendre les Affaires culturelles. Elle n'accueillait les peintres que jusqu'à trente-cinq ans, et choisis par un jury de leur pays, non par le nôtre. L'Union soviétique et ses satellites, l'Inde, Formose, le Japon, un peu d'Afrique, l'Amérique latine. Importante participation anglo-saxonne. Ça valait ce que ça valait. Mais les tableaux venaient du monde entier. Des hordes de jeunes peintres multicolores et chevelus examinaient les toiles des autres, ou les premières " affiches lacérées ", les plus insidieux des ready-made. Toutes les tendances d'alors : abstractions géométrique, expressionniste ou lyrique, tachisme informel, néo-réalisme et néo-surréalisme, réalisme-socialiste et même art gestuel, étaient représentées. Devant l'entrée du Musée d'Art moderne, une machine baladeuse de Tinguely menaçait les visiteurs de son errance saccadée, et leur jetait au nez les bandes qu'elle imprimait. Tendance majeure : l'informel agressif. L'art futur montrait les dents.

« J'ai vu partir beaucoup de derniers bateaux, depuis les Nabis jusqu'aux tachistes, disait Picasso en feuilletant les photos du catalogue. Sont pas arrivés. Il y a eu des artistes-peintres qui ont peint pour le plaisir de l'œil, le genre joli; maintenant, il y a les artistes-peintres qui peignent seulement pour le déplaisir de l'œil, le genre haffreux. Le plaisir de l'œil et le déplaisir de l'œil, c'est pareil, non? Autre chose : nous avons eu le goût des objets-de-rebut. Je l'ai toujours. Maintenant, ils ont le goût du détritus. Chiqué? Vite dit. Il faudrait réfléchir. Ils finiront par vouloir brûler les tableaux. Les peintres en ont envie depuis longtemps... C'est plus lourd qu'on ne croit, la liberté! »

Devant quelques tableaux dispersés à travers les salles — à travers le monde — Maroc, Yougoslavie, Inde, Mexique, les visiteurs s'aggloméraient : pour regarder, non les tableaux des peintres ravageurs, mais ceux des peintres du Dimanche. La peinture naïve avait trouvé sa légitimité sur tous les continents, coude à coude avec celle qui ne se réclamait que de l'avenir. Elle remplaçait la peinture figurative, où le domaine des recherches s'était effacé. J'avais dit : « Quel que soit le destin des nouvelles écoles, la peinture a désormais conquis sa liberté, et ne la perdra pas de sitôt!.. » Il y a quatorze ans.

J'admire qu'ici le Musée Imaginaire commence par le Douanier, et par un combat du fauve et de sa proie; Rousseau l'avait découvert au Muséum. Empaillé. Pourtant, en Crète, on m'a montré des pièces d'argent frappées au motif de ce combat. Il figure sur des chapiteaux romans — et plonge à travers la Mésopotamie jusqu'à la préhistoire, supposait Focillon...

Il y a des tableaux modernes dans d'autres salles; en particulier, de Picasso, celui dédié *Aux Espagnols morts pour la France,* un important dessin pour la *Femme qui pleure,* et le *Charnier.* Nous les voyons en traversant l'Orient ancien et l'Afrique. Quelle fondation européenne pourrait réunir, avec la *Grande chanteuse* sumérienne et le *Roi* roman de Beauvais, Manet, Daumier, Cézanne, Van Gogh, Braque, Kandinsky, Chagall, Masson, Fautrier, Balthus, Picasso?

Comment tout voir à loisir? Je reviendrai. A droite de la porte de sortie, la *Chaise* de Braque. A-t-il pensé à la *Chaise* de Van Gogh? Celle-ci me semblait jadis l'idéogramme du nom de Van Gogh. Et aussi celui d'une chaise. Ce qu'est encore la toile de Braque; mais Van Gogh regardait la chaise comme un membre douloureux, et Braque, comme une arabesque sur une palette inconnue. La couleur triomphe de l'objet, semble triompher même de l'individu : la peinture a réussi son coup d'État. Braque a entrepris l'une de ses toiles majeures, *Paysage au ciel sombre,* en face des *Corbeaux* de Van Gogh, peints quelques jours avant sa mort, et qui sonnent son glas. Braque a repris les oiseaux, le long signe jaune du blé, remplacé le ciel intense par un ciel noir. Il avait repris aussi les *Tournesols* ravagés — comme pour les apaiser. On dirait qu'il attend alors, de la peinture, une puissance de paix plus forte que la mort.

De l'autre côté de la porte, le Chagall : *Devant le tableau.* Une crucifixion d'un noir intense est entourée de personnages clairs; devant elle, le peintre, animal fantastique, tient sa palette et semble l'enchanteur de l'exposition.

Voici Chagall, d'ailleurs.

Il parcourt l'exposition en sens inverse, et a vu les salles d'Asie.

« Toutes les formes que les hommes ont pu inventer!... », dit-il du ton de la rêverie et de l'étonnement.

Picasso était étonné comme ses diables; Chagall l'est comme ses anges :

« L'Espagnol me reproche mes anges, parce qu'il n'en a pas! »

Ils étaient brouillés. Picasso lui reprochait, en effet, son " folklore "; mais, Matisse mort, tenait Braque et Chagall pour les deux plus grands coloristes vivants.

« La peinture, c'est la couleur, la chimie de la couleur... Mais qu'est-ce que c'est? Je ne sais pas... Vous, vous savez, moi, je ne sais pas... »

Presque la phrase de Picasso, qui disait : on ne peut pas savoir... Certes, cette innocence est un jeu. Celle de Picasso était à la limite de l'ironie, celle de Chagall est affectueuse.

« Il faut seulement savoir s'en servir..., dis-je. Vous savez plutôt bien...

— Toutes ces formes! Mais pour la couleur, regar-

dez, on n'a pas beaucoup inventé... Très peu, jusqu'à
Venise...

— Vous ne croyez pas que la couleur a changé
quand l'Europe a inventé l'ombre?

— Si Delacroix revenait, il serait plus étonné par
nous, que par tout ce que les savants ont retrouvé,
dans le passé! Mais pour la couleur. En Asie, les
tons ne sonnent pas... »

Ce qu'il dit est vrai, le serait plus encore si la
peinture de l'Asie était mieux représentée. En peinture comme en musique, le grand orchestre, c'est
nous. Depuis que nous avons conquis le monde, pas
une invention chromatique : harmonie, dissonance,
stridence, ne s'est produite hors de l'Occident. Je
lui cite la phrase amère de Picasso : « La couleur
affaiblit. »

« Bien sûr : ses meilleurs tableaux sont des
camaïeux!

— Ceux de Léonard aussi. Même *La Joconde*...
Les *Peintures noires* de Goya...

— Ah, dit-il d'un ton comique, quel dommage
qu'un si grand génie, l'Espagnol, n'ait pas fait de
peinture!

« Vous savez, je regrette que la Fondation n'ait
pas trouvé un des derniers Monet...

— Je le regrette aussi. D'abord, parce que je les
aime assez; ensuite, parce que Monet, même par ses

tableaux antérieurs, aurait montré brutalement que Van Gogh et Cézanne, sans s'en rendre tout à fait compte, attendaient de la peinture un autre pouvoir, le vôtre en somme. Mais je me demande ce que vous allez penser de la stridence des Nouvelles-Hébrides. C'est la seule couleur sauvage qui en soit une. Quand j'ai accroché un Matisse au-dessus de mes fétiches tricolores, il a eu l'air d'une fresque persane... »

Nous nous séparons. A partir de la salle voisine, ce n'est pas la peinture, que la nôtre ressuscite : c'est la sculpture. Mais je pense encore à notre conversation. Picasso tient, parmi les tableaux que je viens de quitter, la place qu'il a tenue dans l'art de notre siècle. Or, cet inventeur de formes sans égal n'est pas un grand inventeur de couleurs, alors que l'École de Paris rivalise avec celles de Venise et de Flandre par la couleur, l'élément le moins rationnel de la peinture. Comme le siècle serait différent sans Picasso! Chronologiquement : Rouault, Matisse, Braque, Chagall... Mais la Fondation, petit Musée Imaginaire incarné avec sa part de hasard, répète opiniâtrement le mot sculpture. Au-delà de la salle moderne, la sculpture est le passé de l'humanité; la peinture, une époque – d'autant plus récente que je ne vois pas de fresques. On en trouve peu dans les vrais musées. Mais si je trouvais ici les images de Toutankhamon aux pieds rongés par les rats, de Touen-Houang, d'Ajanta, de Nara, j'y trouverais un monde des grandes religions plus apparenté à celui de Sumer ou de Thèbes, qu'à celui des admirables tableaux européens précieusement rassemblés. Que d'années contre quelques siècles! car les bisons de la préhistoire, eux aussi, s'accordent à la sculpture des hautes époques et non à Velázquez... Le Musée Imaginaire regorge de ce qui s'éloigne le plus de nous dans le temps et dans l'espace, depuis Lascaux jusqu'aux Nouvelles-Hébrides; de la magie à la magie. Que la sculpture l'envahisse, l'art surgit de l'invisible.

Maintenant, tout un mur de *Caprices* de Goya. Je ne pouvais évidemment pas laisser demander *Saturne* au général Franco, qui ne l'eût d'ailleurs pas prêté.

A cause de la guerre d'Espagne, Picasso m'a parlé de Goya plus que d'aucun autre peintre. Goya sut certainement qu'il avait tiré des couleurs et de la gravure ce que nul n'en avait tiré avant lui; et d'abord, son surnaturel. Sut-il qu'on reconnaîtrait en lui le prophète de l'irrémédiable? Et comment eût-il deviné qu'au-delà de l'irrémédiable même, ses torturés apporteraient le monde nocturne qu'il exprimait sans en connaître la traîne d'étoiles? Je comprenais mal la profonde crise de l'homme dont la Révolution n'est qu'un des aspects; l'individualisme dramatique avait apporté un thème obsédant, annonciateur peut-

être de la Mort qui allait se lever sur l'Europe napo-
léonienne : le thème de la prison. Avec Goya, Piranèse, Sade, le roman noir... Picasso m'avait répondu :
« Les peintres, vous avez remarqué, ils ne vont pas en
prison? Parce qu'ils savent qu'on les empêcherait de
peindre. Tout de même, quand Goya est venu à Paris,
il n'est pas allé chez Delacroix, mais chez Horace
Vernet; c'est drôle? » Cette conversation avait lieu
après la guerre, devant l'ombre du champignon
d'Hiroshima, les cadavres des camps d'extermination
vus par Alain Resnais, et ce que les artistes appelaient
l'invasion des fétiches. Ce temps appelait Goya. Il a
eu Picasso. En face des *Fusillades,* même *Guernica*
fait partie du génie héraldique. Picasso, qui a inventé
tant de choses, n'eût pas inventé l'horreur. Ici, devant
la récusation du monde que sont les *Disparates,* je suis
stupéfait que Goya n'ait pas prévu le monde-de-l'art
romantique, qu'il a si fortement contribué à créer.
« Le beau, c'est le laid »; pourquoi cette proclamation simplette, destinée à l'art littéraire, se réclamait-
elle de lui? Il ne s'était pas réclamé de la laideur, mais
de Rembrandt. Et l'horreur est autre chose que la
laideur; nul n'a fait des caricatures de supplices. S'il
allait attaquer la beauté à une telle profondeur, c'est
que les jeunes artistes allaient dresser son art, celui
de son maître Rembrandt et celui de Michel-Ange,
contre la triade Poussin-Raphaël-Antique. L'antique,

non le style sévère et les archaïques : l'Europe croyait encore à Rome.

Le romantisme remplace la beauté par le sublime; or, la beauté ressemblait à la beauté, Poussin à l'antique, mais Rembrandt ne ressemble ni à Michel-Ange ni à Goya. Les maîtres deviennent les prophètes d'un dieu inconnu; révoquée, la délectation! On découvre dans le passé, un pouvoir de l'art, libre de la beauté comme de la seule peinture, dont nos peintres ne parlent pas volontiers, mais qu'ils connaissent tous, et dont les grandes œuvres ont la violence et la contagion des Prophètes.

Ce dieu épars, confus en peinture, rayonnant en poésie — et pour lequel Victor Hugo fera représenter le génie allemand par Beethoven et non par Goethe — n'a de salle particulière dans aucun musée, bien qu'il ait régné dans la mémoire de tous les artistes. Il mêle le sublime, le surhumain, et les limbes qui unissent Goya, Bosch, Piranèse... Le Musée Imaginaire, lui aussi, accueille ses œuvres sans les rassembler. Ici, je ne les vois guère. Pourtant, à quelques collines de ces toits cornus, Michel-Ange est présent à Notre-Dame-de-Vie par *L'Esclave* réfugié, et Rembrandt, par ses *Mousquetaires*... Devant moi, les gravures de Goya apportent leurs fonds d'aquatinte magique.

Elle nie l'illusion, comme le fond d'*Olympia*. Et

comment Delacroix est-il représenté ? Par sa plus belle esquisse. La bousculade des chefs-d'œuvre qui m'entourent n'a pas remplacé la beauté par un Olympe du surhumain, mais par l'art, beaucoup plus énigmatique. Dans la salle voisine, où Michel-Ange ne rencontre pas Rembrandt, le Greco rencontre Chardin, comme Cézanne, tout à l'heure, rencontrait Van Gogh...

Vitraux. Je ne comprends pas l'abandon du vitrail, qui s'éveillait et s'endormait avec le jour... L'art a préféré sa lumière. Mais le vitrail animé par le matin, effacé par le soir, faisait pénétrer la Création dans l'église, pour l'y unir au fidèle... Le vitrail a fini par se soumettre à la peinture, en accueillant l'ombre — dont il est mort. Pour inventer d'y dégrader l'intensité des couleurs, il a fallu Chagall : six cent cinquante ans... Il en a fallu plus de cinq cents pour que la peinture moderne retrouve l'arbitraire de la mosaïque et du vitrail, qui semblaient défendus contre l'illusionnisme par leur nature même. Les projets de Schöffer pour les tours lumineuses vont-ils retrouver la vie que le ciel méridional donne à ces deux petits vitraux du Nord, comme notre peinture a retrouvé l'arbitraire ? Leur électricité, qui a besoin de la nuit, achèverait la métamorphose de la lumière de Dieu. Quand le vitrail va disparaître, le règne des horloges commence sur les églises...

Le *Tentateur* de la cathédrale de Strasbourg — où Delacroix, à la fin de sa vie, découvrit la sculpture gothique. La Tête de *Roi* de Beauvais, aux yeux fermés, l'un des sommets de ce premier gothique que nous appelions roman.

Attribué au xiie, sans effigie comparable en ce siècle. Plans brutaux mais lisses des figures de buis; yeux fermés, non pas baissés comme ceux des Bouddhas khmers, mais indiqués par des traits horizontaux accordés à celui de la bouche. On pense au Portail Royal de Chartres, à des têtes presque populaires. L'un des plus larges styles au service d'une des plus hautes spiritualités. Et qui signale violemment l'absence majeure de l'exposition : celle de la sculpture romane.

Aucune sculpture chrétienne ne nous touche au même degré. Elle assure la médiation entre nous et les sculptures que nous avons ressuscitées, à l'exception de l'égyptienne, car elle est l'art sacré de l'Occident. Ses artistes l'ont découvert en découvrant ce qu'exprimait de surnaturel, l'arbitraire de formes que l'on crut, plus tard, populaires. Comme l'art nègre. Et elle est la seule sculpture occidentale qui se réclame de l'indicible, du « commencement de ce qu'on ne voit pas » selon saint Paul.

Par quoi mon imagination remplace-t-elle ses délégués absents? Par les figures d'Autun? Surtout par le tympan de Moissac, Apocalypse en majesté, dont les Vieillards aux cuirasses barbares jouent de petits instruments de musique. Je retrouve la naissance brutale de l'art roman, les années pendant lesquelles « on n'osait plus labourer », saisies par ce foisonnement d'éternel. Son chemin qui va, des solitudes abandonnées, à « la prière pour allumer le feu ». Sa prémonition du monde de Dieu. Sa volonté de déclencher le sacré par les symboles de l'inexprimable; le génie d'incarnation qui transforme le mystère byzantin en communion, et fait de la sculpture romane, l'art pressenti pendant les années où les peuples chrétiens qui vont inventer la Croisade, se convertissent tout à coup à leur propre religion. Aucun art n'a si puissamment transmis l'inconnaissable en même temps que l'amour. C'est à lui que pense saint Bernard lorsqu'il crie, contre Abélard : « La Sagesse de Dieu a-t-elle caché en vain ce que nous ne pouvons pas voir! »; c'est à la découverte des formes de l'invisible, que cette sculpture doit ses formes du visible. Les vignerons d'Autun ne sont point une interprétation des vivants. Ils sont des signes, accordés au Christ du tympan; déjà Scot Érigène, au IXe siècle, parlait de « signes sensibles ». Mais ce Christ ne prend forme que par la sculpture...

Tout cela, le *Roi* de Beauvais — qui symbolise,

comme ses semblables, l'un des livres de la Bible — l'exprime avec force. Il porte le reflet du Christ. Je regrette l'absence d'un ensemble roman; mais le Musée Imaginaire, lorsqu'il devient réel, rencontre le même obstacle que le vrai musée. Les tympans d'Autun et de Moissac, le Portail Royal n'entrent pas plus à la Fondation, qu'au Louvre. Les arts sacrés introduisent scènes et personnages dans le sacré, mais son style semblait émaner des édifices ou des lieux sacrés; les musées, même imaginaires, n'ont de cathédrales, de cavernes, de grottes et d'hypogées, qu'en photos. Provocante sculpture romane, qui invente à la fois les yeux en élytres des Vierges noires et les yeux émerveillés des anges d'Autun! Quand la sculpture avait-elle figuré l'innocence?... Et puis, le *Roi* apporte sa médiation au sacré de majesté, celui de Byzance, de l'Inde, des hautes époques du bouddhisme; j'aimerais qu'un chapiteau barbare de Saint-Benoît ou de Payerne apportât la sienne au sacré des arts sauvages. Avec les rois, les bergers.

Le grand roi parthe de Hatra, envoyé par le musée de Bagdad. L'exposition des œuvres parthes trouvées en Irak serait l'une des expositions révélatrices du siècle. Après la conquête macédonienne, pendant la lutte contre Rome, ce sont ces Parthes habillés à l'iranienne, mais qui combattaient au frappement des gongs, qui maintiennent l'Orient. Les femmes voilées à la cour de Perse comme à celle de Constantinople, connaissaient-elles la Sémiramis barbare de Hatra, leur ancêtre, l'ancêtre des formes orientales du sacré, qui empliront l'empire byzantin?

J'ai dit à Picasso que le vrai lieu du Musée Imaginaire, est un lieu mental. Pourtant, de même que maintes œuvres demeurent attachées, pour les collectionneurs, au lieu où ils les ont acquises, celles que je regarde appellent le lieu où je les ai rencontrées. Le prince de lapis appelle le bas-relief de Darius qui marque le Zagreus comme on marque les taureaux; le vent des steppes dessinait ses moires sur les graminées pareilles à celles qui virent passer le Grand Roi, et un enfant iranien m'apportait des roses pompons, au pied du bas-relief criblé par le miaulement des aigles. Le colosse de Hatra, je l'ai vu à Bagdad. En l'honneur du mariage royal, on avait vidé les caves du musée de Mossoul, où s'accumulaient les effigies trouvées dans la capitale militaire parthe, inconnues alors, mères de celles des Sassanides et des reines de Palmyre, qui avaient maintenu l'hiératisme achéménide : souverains à la polychromie décomposée, trinités hérissées de scorpions. La catalepsie de l'éternel Orient emplissait un vaste hangar sous des tableaux surréalistes irakiens : girafes enflammées et montres molles, ex-voto bizarrement offerts aux dieux qui avaient retenu César et vaincu les légions. Au centre, les photos, grandeur nature, de la reine et du roi. Assassiné depuis.

La première fois que je suis allé à Persépolis, on n'y avait pas encore retrouvé la *Pénélope* captive, pillée sur l'Acropole. Le long de l'escalier géant, les lézards, qui jouaient à leurs jeux de lézards, sautaient par-dessus les lances de la Garde des Immortels.

Quelques divinités précolombiennes. Le *Serpent emplumé* du Musée de l'Homme. On attend le crâne d'obsidienne de Mexico. Je regrette les haches toltèques, les terres cuites de Nayarit, l'astrologie aztèque. Comme l'art nègre et celui des cavernes, les arts précolombiens attendent à la porte du Louvre. La sculpture aztèque appartient pourtant à l'histoire autant que la sculpture sumérienne; mais nous croyons connaître Sumer à cause de la Bible. Et cet art-ci, comme celui de l'Afrique, doit plus aux esprits qu'au sacré. Le bouddhisme, l'hindouisme ont été accueillis par les statues des cathédrales. Ici commence le domaine de la Nuit et du sang; de la Nuit plus que du sang où se perdent les monstres et les crânes, depuis que ces figures nous deviennent familières. En dépit des cœurs arrachés pour que le soleil se lève encore, les inépuisables découvertes mexicaines étendent cet art vers le mystère, non vers l'atroce. Que veulent dire ces dieux de la Mort, qui ne sont pas seulement des dieux protecteurs? Et Coatlicue, la déesse décapitée hérissée de serpents, mère des dieux — mère du fleuve des morts et des renaissances, comme Çiva? Toutefois, malgré la majestueuse pyramide de la Lune, malgré la Voie sacrée digne de l'Érèbe, certaines formes mexicaines entrent au Musée Imaginaire comme Goya est entré au Louvre. Formes des profondeurs ennemies... Divinités funèbres des femmes mortes en couches, serpent nocturne à couronne d'étoiles, autels des crânes abandonnés dans les amarantes sauvages... J'entends la phrase de je ne sais quel Espagnol : « Après avoir pris la ville capitale, nous arrivâmes dans la très grande Teotihuacán depuis longtemps en ruine... » Pendant sa restauration, j'ai vu les djinns de poussière parcourir la Voie des temples avec le bruit soyeux des trombes, comme ceux de Saba. Dommage qu'il n'y ait pas ici d'idoles sabéennes! Mais elles rejoindraient l'Orient. Ce qui sépare les arts précolombiens des autres arts historiques, et fait que leurs amateurs sont souvent ceux de la sculpture africaine, c'est que la révolte, en art, n'existe guère hors de l'Occident...

Voici une katchina, prêtée par le Musée de l'Homme. Les katchinas sont les poupées des Indiens Hopi : elles permettent aux enfants d'identifier les Esprits des cérémonies magiques. J'en possède toute une collection, dans quelque garde-meuble. J'avais découvert cet art à l'aide d'un briquet, dans une vitrine obscure du Trocadéro. Divinités du farfelu, vaguement apparentées aux managers de Parade, maisons sur la tête (les leurs sont des nuages) et costumes de papillons géométriques. J'en avais reproduit une dans *Les Voix du silence;* on montra l'édition américaine du livre à des sculpteurs hopi au service d'un musée. Lorsque j'accompagnai *La Joconde* aux États-Unis, je trouvai chez mon éditeur des cartons pleins de katchinas sculptées selon la tradition, " remerciements des dieux ". J'en possédais de plus anciennes, achetées à Hollywood au magasin de la réserve indienne, lorsque j'étais allé parler pour l'Espagne républicaine... Je demandai à André Breton, qui les examinait : « Savez-vous où était le centre religieux des Indiens Hopi? — Au Nevada, je crois?... — A Los Alamos. » On y travaillait alors à la bombe atomique, et on en avait chassé les Indiens. « Ça ne m'étonne pas, répondit-il, avec son air de féticheur découragé. Je ne crois pas aux coïncidences : la magie succède à la magie. »

Que sont devenues mes katchinas?

L'art nègre emplit la salle suivante. Le grand masque du musée de Zurich, quelques ancêtres, le masque dogon du Musée de l'Homme que j'ai repro-

duit comme l'une des formes extrêmes du génie africain; le long fétiche, dogon aussi, qui ressemble à
une branche, comme les anges du tympan d'Autun.
Lorsque j'inaugurai, au côté du président Senghor, le
magnifique musée de Dakar où l'on voyait le masque
de Vlaminck, ambassadeur de la sculpture africaine,
j'avais vu, la veille, la reine de la Casamance, suivie
de son chat sacré sous la neige lumineuse des flocons
de kapok, devant l'arbre à sacrifices rayé par le sang
des chevreaux. C'était le temps où nous proclamions
l'indépendance de nos colonies d'Afrique centrale.
Le " cœur des ténèbres " devenait la Fête. Les Masques
sautaient par-dessus les brasiers de la cérémonie; les
Hommes-Lions aux ongles prolongés par des lames
Gillette combattaient, enveloppés dans leur peau à
crinière, devant les foules fascinées du Tchad...

L'un des directeurs de la Fondation me dit : « De
toutes nos salles, c'est celle-ci qui frappe le plus nos
visiteurs »; non sans étonnement, car il vit entouré de
peintures modernes, et cet art lui est aussi familier
qu'à moi.

Pourtant, la ligne de partage des eaux passe ici.
L'art nègre entrera au Louvre avec le cubisme. Il
suffira peut-être d'ajouter au musée quelques salles
cubistes; mais les salles nègres mettront en question
celles des hautes époques, ordonnées selon notre
évolution historique. L'art africain n'a pas d'histoire.

Pas d'architecture. Presque pas de peinture. Des empires fantômes comme les empires nomades de l'Asie. Le Bénin, véritable royaume, fondit le bronze, tissa le velours? Son art est à peine africain, certainement pas nègre. L'art de la savane et de la forêt est étranger aux villes, étranger aux grottes sacrées comme aux cathédrales. Toutes les autres salles de la Fondation sont ou seront au Louvre, dont le Guimet devient peu à peu l'annexe, comme le Jeu de Paume. « Pour Manet et pour l'art khmer, messieurs-dames, c'est un peu plus loin. » Les arts sauvages, ce sera beaucoup plus loin, l'art préhistorique aussi : les arts sans histoire...

Maints collectionneurs de la plus grande sculpture tiennent encore celle de l'Afrique, pour du folklore. Les figures austèrement dépouillées des Grandes Religions sont entrées au Musée Imaginaire par l'intercession de Cézanne : hautes époques de la Chine, de l'Inde, résurrection de l'Orient biblique, Thèbes et Babylone. Par Cézanne aussi, les Chaldéens monumentaux, les *Goudéa* qui ne connaissaient plus les idoles aux yeux de fourmi. Le pouvoir qui anime tout l'art moderne n'a pas ressuscité seulement un domaine de formes. Quoi de commun entre un masque de fibres, une idole de Sardaigne, un crâne de mort mexicain, un ancêtre dogon et la *Vénus* de Lespugue? La peinture moderne n'a-t-elle pas ressuscité un

159

pouvoir semblable au sien, errant à travers les millénaires mais pas tout à fait à travers l'histoire, le pouvoir du Petit Bonhomme des Cyclades cher à Picasso, menu sorcier de notre musée futur comme Cézanne le fut du " style sévère " de l'Occident?

Dans ses *Ménines,* Picasso respecte Cézanne, que la *Sauteuse à la corde,* les Tarots, ignorent. Ces créations arbitraires et convaincantes rendent vie aux masques océaniens et aux *Vénus* préhistoriques, comme Cézanne à la sculpture romane, à celle des grottes chinoises et, avec Seurat, aux fresques de Piero della Francesca. Son génie avait gouverné le passé selon sa propre unité, Picasso le fouille selon la multiplicité de son pouvoir. Escorté de tous nos maîtres, dont les œuvres escortaient la sculpture africaine chez les marchands de tableaux : le premier Derain, Vlaminck, Matisse, Soutine, Chagall, Rouault, Modigliani. Ici, pour la première fois, voici l'art nègre entre notre Moyen Age et la Chine (pas loin de Corot et du Greco), et non plus exilé entre les Eskimos et les Océaniens.

Je croyais que le Musée Imaginaire annexait les arts sauvages comme des arts historiques plus barbares que les autres : du gothique au roman, du roman à Sumer, de Sumer à l'Afrique... Pourtant la résurrection des hautes époques obéissait à la sensibilité occidentale, alors que la découverte de l'art nègre, due aux artistes, n'a longtemps touché qu'eux — et aucun autre art ne les a touchés comme lui. Mais ils ne l'ont pas découvert d'un coup. D'abord, des fétiches trapus, un peu rigolards, vaguement folkloriques comme celui d'Apollinaire : art naïf, bonshommes rapportés par les coloniaux humoristes. Puis, des masques aussi disparates que s'ils appartenaient à plusieurs civilisations. Puis, le Trocadéro, les dogon de la galerie Paul-Guillaume, le peuple de la Croisière Noire, les albums, et la profusion du musée de Dakar exposée au Grand Palais. Dès le Trocadéro, la pluralité des formes africaines donnait à leur art une action virulente, parce qu'elles ne semblaient pas liées à une signification commune, comme le sont les formes historiques. Bien que l'on parle de fétiches romans, nos artistes retrouvent le même langage chrétien dans toutes les Vierges Noires ; mais lorsque le masque-antilope dogon, plus construit qu'une tête de Zadkine, fut exposé avec les fétiches à clous, les peintres découvrirent, stupéfaits, une invention inépuisable, qu'ils appelèrent le langage de la liberté. Un peintre ayant dit : « L'art nègre, c'est bien, parce qu'il y a de tout », l'argot des ateliers exprima cette liberté en inventant une tribu pour nommer l'art nègre : l'art Yadtou.

L'expression n'était claire que pour les peintres ; et la découverte. Ils voulaient parler de formes imprévisibles et convaincantes à l'égal de celles des démons de Bosch, ou de celles que Baudelaire appelait les monstres viables; mais viables dans le monde de la sculpture, et non imaginables dans un monde fantastique. Comme les Tarots de Picasso.

Leur " viabilité ", ressentie par les peintres comme d'ordre esthétique bien qu'ils connussent leur lien avec la sorcellerie, était assurée par un pouvoir tout différent de celui du style des hautes époques, et qui s'exprimait à la fois par les masques ronds et les masques carrés, par des ancêtres massifs et par des ancêtres à tête d'épingle. Les arts des hautes époques, tous religieux, avaient ressuscité des systèmes de formes. Gothique, roman, Weï, Gupta étaient des noms de styles. Les formes des bonshommes appelés fétiches s'apparentaient à celles des poupées et des sculptures populaires. Elles n'exprimaient pas, comme celles des grandes religions, une transcendance que l'art manifestait à la façon de la musique.

Tout changea lorsque se dégagea la pluralité des formes africaines : pour la première fois, la découverte d'un art n'était pas celle d'un style. On découvrait l'art africain, non *un* style africain. On avait appelé art nègre, distraitement, celui des bonshommes; devant le masque-antilope, on parla de sculpture. (Dans la salle où je me trouve, et qu'un masque-antilope préside, le style des bonshommes n'est même pas représenté.) L'Europe connaissait le lien des masques avec un surnaturel dont les peintres se souciaient d'autant moins qu'il ne possédait pas le prestige du sacré; mais Picasso seul l'*éprouva,* et c'est pourquoi leur art, pour lui seul, ne se limita pas aux formes : « Les fétiches sentent que les choses ne sont pas comme les gens croient... Ils sont des armes... » L'ethnologie de l'Afrique ne s'adressait alors qu'à des spécialistes; l'inconscient n'était pas encore le Monstre des profondeurs. Même si la tradition des formes obéissait aux lois des féticheurs, cinquante œuvres de tribus différentes, mêlant les masques où les yeux sont figurés par des trous, aux masques où ils sont figurés par des cylindres, ou à une naïveté fugitive comme celle des chèvre-pieds de Picasso, rappelaient aux peintres que l'homme avait inventé la brouette avant le bras articulé. Et que l'action de certaines figures sur tous les artistes n'était ni prévisible ni légitimable. La sculpture nègre s'imposa lorsque la multiplicité de ses formes ne permit plus d'y chercher tantôt un art populaire, tantôt un art roman inférieur, tantôt un expressionnisme. Alors, elle promulgua la loi qu'avait entendue Picasso : le droit à l'arbitraire. Avant notre peinture, et à des fins bien différentes, l'Afrique avait découvert que la création est contagieuse. Et les peintres se souciaient peu de la sorcellerie, lorsqu'ils découvraient la magie de la création. Mais elle est ici, la création. A l'inauguration du magnifique musée africain de Dakar, un sculpteur sénégalais m'a dit avec inquiétude : « Notre art est épatant, mais nous sommes aussi loin de lui que vos sculpteurs le sont des statues romanes... »

Voici une statuette de l'île de Pâques, des masques, et les casques d'initiation que j'ai prêtés : en face de l'art nègre, l'art océanien. On comprend pourquoi l'on a vainement tenté d'opposer ces deux arts, d'abord confondus; les artistes ont vu dans l'art océanien un style nègre de plus. Les fétiches massifs de Nouvelle-Guinée, parents des rois du Congo; les masques à coups de hache trouvés dans la baie de l'Astrolabe, tout ce peuple trapu s'apparentait aux fétiches africains. On pouvait retrouver une Afrique moins traditionnelle dans des figures allongées comme celles de Giacometti, comme les *Crétoises* de Picasso; même dans celles où le croc régnait. Le croc, rare en Afrique, a ses styles en Océanie, qui y suspendait les crânes : l'art de la prolifique Nouvelle-Irlande semble traduire les poutres bantoues en mantes religieuses. Les coiffures cérémonielles de la Nouvelle-Bretagne, parasols de rois nègres, sont attachées aux épaules du sorcier par des cordes et de grands signes d'yeux, crochus aussi, destinés à se découper sur le ciel. Coiffures, casques, faces? Disons : têtes d'esprits. La géométrie secrète qui ordonne si souvent les formes africaines disparaît lorsque la fibre, le tapa, la vannerie remplacent le bois. Des îles Witu, vient un tronc de cône en fibre crème, verticalement barré d'un parement rouge et bleu encoché d'yeux, deux pointes de fuseau dans ses trous de nez; au-dessous, pour la bouche, une palissade d'allumettes ferme la porte de l'Esprit. Du moins cet éteignoir magique possède-t-il une forme. Le masque de Hambourg n'a plus que celle d'un gigantesque papillon de nuit sous lequel bâille une bouche sans visage, continué par une langue ou un menton suspendu. L'art des petites plumes orangées et lumineuses comme les fleurs des flamboyants : casques royaux, dieux de la guerre, boucliers, dédaigne toute structure. Rien ne reste de ce qui, devant l'art africain, nous rappelle la phrase de Cézanne sur le cône, le cylindre et le cube. Déjà commence la couleur. Maintes figures océaniennes sont coloriées, celles de la Nouvelle-Bretagne entre toutes; mais les Nouvelles-Hébrides, j'avais raison de le signaler à Chagall, connaissent réellement la couleur pour leurs momies, leurs crânes surmoulés, leurs marionnettes, leurs ancêtres de fougère, leurs casques d'initiation habillés de toiles d'araignées. Bleu Chardin; vermillon et blanc; noir, jaune et orange; palette tricolore avec quelque triangle saumon, toute une peinture de drapeaux qui ne dépasserait pas le coloriage sans la profondeur d'outremers aussi riches que ceux des vitraux de Chartres, sans le tam-tam des couleurs auprès duquel nos toiles les plus violentes prennent des airs de Caravage. L'éventail de la liberté s'est ouvert jusqu'aux pinces des crabes et aux trompes des papillons.

Les casques d'initiation écrasent les masques du Gabon dont on vantait la pureté japonaise... Le Musée Imaginaire accueille aujourd'hui tous les arts sauvages, jusqu'aux Brancusi des Carolines à tête de toupie, jusqu'aux masques des guérisseurs eskimos, plus tordus que les animaux des steppes. Mais la découverte de la liberté ne se double pas.

L'étonnant n'est donc point de rencontrer ici les arts sauvages, mais de les y rencontrer, grâce à la peinture contemporaine, en compagnie de Poussin et de Velázquez. Nous éprouvons un sentiment aussi fort devant des œuvres créées par des artistes pour lesquels l'idée d'art n'existait pas, que devant les plus éclatantes des œuvres entreprises pour devenir des œuvres d'art. Ce Musée Imaginaire affirme ce que le dialogue des reproductions suggérait : notre civilisation connaît un monde de l'art qu'aucune autre n'avait connu.

Un tableau qu'on ne pouvait pas transformer en tableau vivant n'était pas une œuvre d'art. Nous avons oublié que Taine, au temps de la *Philosophie de l'art,* jugeait enfantines et barbares, les mosaïques byzantines d'Italie. « Si Théodora était venue attendre Justinien sur les quais de la gare de Barcelone avec une tête comme ça!... » Dès que la Toscane eut découvert la Nature, non pour aller aux champs, mais pour l'opposer au sacré byzantin, on tint pour manifeste que l'essence de la création artistique et de la Création tout court était la même. En raison d'une tenace illusion d'évidence, semblable à celle qu'exprima longtemps : « Quand je vois une horloge, je me dis : il y a eu un horloger », etc., ou : « L'homme naît bon. » De telles évidences sont des sentiments — et les civilisations se définissent en partie par leurs évidences. Que l'on défendît l'imitation fidèle, idéalisée ou transfigurée, le monde de l'art était une annexe de l'autre, et l'histoire de l'art, celle de ses moyens d'illusion.

Or, à l'admirable Titien de la salle voisine, aux fêtes des Doges et des Arlequins appelées par Venise dans notre mémoire, les sculptures sumériennes prêtées par Alep et Damas affirment, du fond de quatre mille ans, qu'il existe un monde où la *Grande chanteuse* et le *Saint Jérôme* de Titien sont des " semblables ". Sans doute, il y a cent ans, la *Grande chanteuse* et la chanteuse Ur-Nina, le *Saint Jérôme* et saint Jérôme n'étaient pas identiques; mais un chef-d'œuvre était beaucoup plus proche de son modèle que d'un autre chef-d'œuvre. La Grèce, qui avait admis — proclamé — qu'une statue d'Aphrodite n'était point une imitation du corps de Phryné, n'eût pas admis qu'on la tînt pour la semblable d'une statue de Darius ou de la reine Néfertiti. Bien des civilisations ont aimé dans leur art, le moyen de leurs rêves; la Renaissance a cru reconnaître dans son art et dans ses rêves, les frères de ceux d'Alexandrie qu'elle prenait pour Athènes, mais non les frères de ceux de Thèbes ou de Persépolis.

Les peintres savent que la production dite artistique (celle des artistes-peintres selon Picasso : « Il y en a! Il y en a! Jusqu'à la lune! ») nous transmet la rumeur de la société où elle est née, et à quoi elle ressemble d'une façon confuse, alors que la *Grande chanteuse,* certes sumérienne, ne ressemble à Sumer, que comme la prune au prunier. La multitude des vaines images est celle d'une humanité confondue dans le travail comme dans la mort; des peuples que remplacent ici leurs dieux et leurs songes, encombrés de l'éphémère où tisse ses toiles, fidèle à travers les siècles, l'araignée des cauchemars de Babylone. Mais si chaque fou appartient à sa civilisation, il appartient aussi à la folie; si chaque cauchemar appartient au dormeur, il appartient aussi au sommeil et au rêve. Malgré un réalisme intermittent, rare ici, comment ne pas voir l'humanité traversée par son cortège de création comme par la permanence de ses rêves? Sous les masques des ténèbres comme sous les tableaux informels, en passant par l'imaginaire qui s'appela lui-même fabuleux lorsqu'il ressuscita Vénus, comment ne pas entrevoir la métamorphose qui joue comme une divinité de l'Inde, avec les reflets de ce que les hommes ont vu, sur le fleuve de ce qu'ils n'ont jamais pu voir?

Dans le contexte de ce Musée Imaginaire — bousculade de siècles, édifices cornus, poivriers, bougainvillées — notre peinture ancienne, depuis les Grands Vénitiens jusqu'à Delacroix, est celle des *Phares* de Baudelaire, avec quelques adjonctions : le Greco, Velázquez, Georges de La Tour, Chardin. A quoi l'imagination doit ajouter ceux qu'au temps de Baudelaire on appelait les primitifs, et ceux qui leur restent apparentés, comme Grünewald, contemporain de Raphaël..., Breughel, quelques autres. Mais nous pensons moins à des écoles qu'au dialogue entre toute notre peinture, d'une part, et de l'autre, toute la sculpture des hautes époques de l'histoire, ou hors de l'histoire; devant ce qui sépare les formes, nous pensons à ce qui les inspira. Depuis les cavernes jusqu'à Picasso, en passant par Titien et par le bronze hittite farfelu dont l'agrandissement fait une idole sur l'affiche de l'exposition, la plupart de ces formes ont un point commun, qu'ont aussi *toutes* ces œuvres : être hétérogènes aux formes de l'apparence, être hétérogènes à l'apparence. Les artistes du sacré qui n'ignorent pas la " Nature " mais la subordonnent ou la méprisent, semblent au service d'un surmonde ; d'un monde plus vrai, plus durable, plus important surtout, que celui de l'apparence — monde que leurs scènes représentent, mais que leur style manifeste : le *Jugement dernier* d'Autun est chrétien par son sujet, sacré par son style. Le divin grec, la foi chrétienne jouent le même rôle, un peu moins clairement : Athènes découvre la beauté comme un style, les figures des cathédrales découvriront de la même façon la spiritualité. Et nous voyons bien que ce n'est pas le réalisme, qui succède à l'idéalisation : c'est la spiritualisation. Le surmonde de l'irréel est à peine moins présent ici que celui de l'Olympe ou du sacré. A la salle qui commence par Manet, commence notre propre surmonde, mais les hommes ne connaissent que ceux de leurs prédécesseurs. Pour bien voir un aquarium, mieux vaut n'être pas poisson.

La galerie, ancêtre du musée, ne s'est pas souciée de l'informe passé, mais comme Poussin, d'un « passé d'or ». Alors que, de Moissac aux cathédrales, le génie chrétien avait surgi sans rivaliser avec des images du passé ; ainsi nous apparaissent Sumer, l'Égypte, les grottes bouddhiques ou brahmaniques, les arts sauvages. C'est à partir de la Renaissance, que le passé entra en scène ; au XVIIIᵉ siècle, son art s'appela le grand art, Chardin tint sa peinture pour indigne de rivaliser avec l'antique. (Voltaire mettait ses tragédies au-dessus de *Candide*...) Delacroix, moins modeste, fut à peine moins aveugle. Bien après sa mort, la sculpture gothique remplaça l'antique sans exercer son influence ; et l'art des vainqueurs, Courbet, Manet, ignora la sculpture.

En changeant de sculpture, nous avons changé de passé. Ici, pas d'antiques ; au Louvre, leurs salles sont désertes — et elles seules. Les antiques, non l'archaïsme grec, non le " style sévère " : nous avons changé de Grèce. Les seules salles désertes appartiennent à la seule civilisation amputée de l'infini : l'empire romain — qui ne savait pas qu'il attendait Byzance... Quand le domaine où Titien, Poussin et Rembrandt s'unissent aux sculptures sumériennes et aux fétiches dans ce que nous appelons encore notre admiration, avait-il existé ?

Demain soir, pour illustrer une conversation entre André Parrot et moi, *Sumer et cette Fondation,* l'on va opposer au Musée Imaginaire incarné, le Musée Imaginaire de la sculpture fixé par le cinéma : soixante images illustres, aux parois de leurs cavernes ou de leurs cathédrales. Dans dix ans, ce film et beaucoup d'autres seront projetés par toutes les grandes chaînes de télévision, par les vidéo-cassettes; et notre monde de l'art deviendra aussi différent de celui du XIXe siècle, que le Musée Imaginaire l'est des galeries d'antiques. Le bulldozer ne nous apporte peut-être qu'une très grosse pelle, mais le microscope électronique ne nous apporte certainement pas qu'une très grosse loupe, parce qu'il nous contraint à découvrir ce que nous ne cherchions pas. Les salles si modernes de Saint-Paul ressemblent soudain à la petite locomotive du Far-West qui dominait naguère, à l'extrémité de Park Avenue, la gare de Pennsylvania; elles ne marquent pas une fin, mais un début. Le Musée Imaginaire ne multiplie pas les questions que posait le musée, il impose les siennes. Ce qui commence ici presque en secret, malgré les festivités, c'est l'entrée de l'une des grandes aventures humaines, dans l'esprit des hommes.

« Qu'est-ce que c'est, un tableau? demandait Picasso. Un objet et une sculpture, ça peut être la même chose. Enfin, presque. Des fois. Mes verres fondus par la lave du mont Pelé, mon squelette de chauve-souris... Un objet d'art et une peinture, jamais. » J'imagine la *Grande chanteuse* sumérienne (mais annexée maintenant par l'art babylonien...) remplacée par la parure de la reine Subad, le *Roi* de Beauvais et la présence secrète de la *Pietà* d'Avignon, par des bijoux médiévaux; la *Pénélope* de Persépolis par... quoi? la Grèce nous a laissé peu d'objets... Remplaçons les masques nègres et les dieux aztèques par des pendants d'or, tous les tableaux depuis Giorgione jusqu'à Delacroix (tiens, la peinture commence ici au XVIe siècle, comme *Les Phares*) par des meubles, ça crée l'atmosphère; ou toutes les œuvres, par les plus riches costumes de leur temps. Et pour les *Bouquetins* du Roc-de-Sers? Faute de crinoline préhistorique, nous exposerons un silex bien taillé. Exercice instructif, car l'art est précisément, pour nous, ce qui sépare *Les Pèlerins d'Emmaüs* et *Les Trois Croix,* des orfèvreries hollandaises; tout l'art des cavernes, de tous les silex; ce qui fait des sculptures préhistoriques et sumériennes, les semblables du *Faucheur* de Picasso. Les objets d'art ne sont que de leur temps, les œuvres d'art sont aussi du nôtre. Plus pour cause d'immortalité. Comprendre notre relation avec l'art, aujourd'hui, c'est comprendre que par lui, et par lui seul, la présence des *Bouquetins,* semblable à celle des vivants, est radicalement distincte de celle d'un silex, comme de celle des squelettes, même si ce silex change le cours de la préhistoire. L'exposition des dernières découvertes chinoises vient de nous sommer de le comprendre, en présentant ensemble : d'une part des os, des grattoirs de silex, la photo du crâne du dernier sinanthrope; d'autre part, la tête reconstituée d'après ce crâne, les photos des gravures préhistoriques, et les chevaux de bronze des tombeaux. On peut rêver devant cet *homo, sapiens* ou non, ironiquement apparu sans dents de sagesse, il y a six cent mille ans, pour nous révéler que l'hominien en a perdu cent mille avant d'inventer le piège... Mais on s'est servi du crâne pour reconstituer la tête; et nul ne se sert des peintures de Lascaux pour reconstituer des bisons, des tableaux pour reconstituer des tableaux vivants — sauf précisément ceux pour qui la peinture n'existe pas. Le crâne est le témoin d'une étape de la sculpture : il nous enseigne, les bronzes nous parlent. Et se parlent. Car les œuvres d'art sont les seuls " objets " sur lesquels s'exerce la métamorphose. Pas les meubles, pas les bijoux — pas les silex. C'est même, peut-être, une de leurs définitions. « La présence, dans la vie, de ce qui devrait appartenir à la mort... » Quand ai-je écrit cela? Il y a vingt ans? Aujourd'hui, on me la donne...

Construite pour les œuvres d'art, cette Fondation abrite le Musée Imaginaire de la survie comme les cathédrales recèlent le surnaturel. Fut-elle élue de toute éternité pour piéger, dans ses beaux édifices entourés de géraniums, de diables de Miró et d'oliviers qui frémissent dans la chaleur prodigue, le " monde de l'art " de la fin de notre siècle, qui apporte peut-être un de nos surnaturels, et certainement un intemporel? C'est ici, qu'on aura enfin entendu des arts historiques parler avec la même voix que les arts sans histoire. Avec la voix de la métamorphose, notre fugitive immortalité. Pour poser la question harcelante : « Qu'est devenu l'art, pour la première civilisation qui revendique tous les arts de la terre? » Les nuages passent au-dessus des toits en pagode — comme passe la métamorphose.

VI

Pour continuer la visite, il faut traverser la cour cubique, ouverte sur le dévalement des collines jusqu'à la mer, et à laquelle les statues de Giacometti s'accordent dans l'odeur de résine et le crissement des cigales. Les diables de Miró, déjà familiarisés avec ces oliviers et ces chênes-verts, les habiteront-ils plus tard comme des chèvre-pieds? J'aimerais voir avec eux quelques faunes de Picasso. La même race, si j'en juge par les petites cornes. Plus bas, sous les pins, les murets de mosaïque de nos grands peintres brillent comme les tronçons bleus des remparts de Babylone. Voyons les salles d'Asie, où je n'entendrai plus crisser la chaleur...

Voici le monde des civilisations historiques.

Nous croyons connaître les commerces et métiers de l'Égypte, nous ne connaissons Sumer que par des reconstitutions de Musée Grévin. Mais depuis que nous avons retrouvé ses dieux, nous avons l'illusion de la posséder par son secret, comme l'Afrique par ses fétiches. L'humanité historique s'est livrée en figurant ses dieux, l'humanité préhistorique n'a rien livré en figurant ses bisons... Par ce qu'il prodigue comme par ce qu'il ne possédera jamais, le Musée Imaginaire révèle ce qu'est devenu pour nous le monde de l'art : nous n'y rêvons pas de petits tableaux des rues de Samarcande, mais d'un colosse de Moïse et d'une statue de Salomon. Pour pressentir la nature de l'art, quel rêve, qu'un passé sans images! Alexandre sans statues et Napoléon sans portraits, perdus, non dans l'obscurité, mais dans la nuit constellée de la Bible... Tout ce qui se trouve ici évoque ce qui ne s'y trouvera jamais. Effigies des Prophètes, allégorie d'Israël, têtes de bronze de Jérémie et d'Isaïe, ravagées comme celle du roi Sargon d'Akkad... Figure du Christ par l'un des Apôtres... Images de Gengis Khan et de Karakorum, moineaux des jardins suspendus de Babylone, Timour à cheval dans les chardons devant ses volières d'or pleines d'oiseaux, fresques timourides depuis les Balkans jusqu'au Gobi... Je rêve à ce que nul ne verra, troublé de penser à nouveau que ce monde sans images serait moins celui de l'informe que de la poésie; qu'un Napoléon sans portraits serait celui de Victor Hugo, comme Cléopâtre sans bustes était celle de Shakespeare...

Sculptures. Dialogue inépuisable. Je regrette les cavernes de l'Inde, que je porte moins en moi que nos cathédrales. Et les fleuves chinois couleur de glaise, endormis naguère dans le grand sommeil de l'Asie... Voici la tête de *Kaçyapa* du Guimet, que Fautrier tenait pour le meilleur bas-relief chinois : nez et oreille de profil dans le visage de face, vers le ve siècle. Il vient de Long-Men. A mon dernier passage en Chine, quand j'attendais le retour de Mao, le fleuve débordé atteignait la grotte; des enfants avaient déposé leurs petits souliers, comme des offrandes, au pied des colosses protecteurs, et des radios éloignées enroulaient les serpentins de leurs chants patriotiques autour du Bouddha géant, blason de la montagne.

Les statues rouges de l'Inde, le *Roi-Serpent* de Mathura. Pourquoi l'Inde appelle-t-elle dans ma mémoire, la belle lépreuse qui m'a tendu des fleurs auprès de la déesse aux yeux-de-poisson, les deux petits chats noirs qu'un enfant tibétain voulait me donner au Népal, les clous de cuivre polis par les pieds nus dans la poussière des seuils sacrés, comme des lampes dans le brouillard?

Bouddhas khmers. Je n'avais pas quinze ans quand je lisais Loti : « J'ai vu l'étoile du soir se lever sur Angkor... » On se bat ces jours-ci vers Angkor, et la rosée de l'aube continue à perler sur les toiles géantes des araignées, au-dessus des maquisards morts. Moi, j'ai vu l'étoile du soir se lever sur Lascaux où nos armes étaient cachées, et je ne savais pas que c'était Lascaux... Il existe au fond de la brousse une autre Angkor : Banteai-Chmar (La Forteresse du Chat) que je voulais étudier jadis. Voici un petit relief près duquel, vers 1924, méditait un dieu de pierre, les grenouilles des ruines endormies sur son épaule; les grenouilles des ruines sont presque transparentes. Reverrai-je la forêt d'Asie?

Quand j'étais enfant, on me conduisait parfois au musée Guimet : des amis de mes parents habitaient place d'Iéna. Les porcelaines japonaises me semblaient le sommet du raffinement. Les dieux hindous aux bras déployés comme des tentacules me faisaient penser aux Thugs étrangleurs de mes illustrés. Le musée était encore un capharnaüm de Bouddhas, de poussahs dorés et de soieries jaune serin, sur lesquelles se posaient les gros papillons des caractères; j'en demandais le sens au gardien, qui l'inventait. J'ai assisté plus tard à la présentation des œuvres khmères, dans la première salle moderne, conçue par Hackin...

Au Trocadéro, Picasso a nécessairement connu l'art khmer. Une partie de la collection du Guimet y avait échoué après l'exposition de 1900, avec les moulages sans fin des bas-reliefs d'Angkor Vat. Il l'avait oublié? La résurrection des hautes époques du bouddhisme et du brahmanisme n'a fait naître chez nos artistes qu'une admiration distraite, à laquelle échappa la découverte de l'art quasi profane des

Scythes. Nos peintres découvraient alors la sculpture océanienne, qui apportait les masques en style d'oreille de la Nouvelle-Bretagne.

Partie des chinoiseries, la sensibilité occidentale atteignit l'anguleuse austérité des Weï, au temps où elle découvrit les plans fondus, et parfois la préciosité khmers. Les kilomètres de bas-reliefs firent partie de l'archéologie; seules, entrèrent alors au Musée Imaginaire, et même dans son Trésor, les têtes qui exprimaient la méditation suprême, art propre à troubler l'Occident qui n'avait guère exprimé la méditation du Christ, moins encore celle des saints. Notre art découvrait simultanément les yeux clos du Bouddha et les yeux d'hypnose du Pantocrator. Plus infléchi par l'hiératisme de Byzance que par celui de l'Asie, car la corrosive métamorphose d'alors ne mordait pas sur la spiritualité khmère, opposée à l'art occidental et aux figures chrétiennes qu'il ressuscitait.

Maints Christs pourraient être des hommes, mais quelle figure chrétienne d'homme pourrait être le Christ? Aux tours du Bayon d'Angkor, le roi Jayavarman tourne ses quatre faces géantes et divines vers les points cardinaux. Ici, la tête de la reine Jayaraja Devi, quand les photos l'isolent, devient celle d'un Bouddha. Les yeux fermés de ces statues expriment la même spiritualité — et aussi la même fonction de l'art — que telles figures d'Ellora, que la *Majesté* d'Eléphanta. Le dessein du sculpteur est de se déposséder de lui-même, et d'exercer sur le spectateur la même action psychique. Le génie délivre la face sacrée, de tout modèle humain, de son iconographie (pourtant respectée), comme la poésie délivre l'épopée, du récit. Le Brahman incréé transmet à l'ascète, sa béatitude dans la Paix suprême : la délivrance est un reflet. A son tour, le plus grand art, en assurant la dépossession du sculpteur et du spectateur, capte ce reflet du sacré; l'émotion dispensée par lui, rejoint celle de la prière. Il transfigure l'univers : il a pour essence son pouvoir de transfiguration spirituelle, celui qui trouve jusque dans des actes atroces, l'émotion la plus haute; les sculpteurs animaliers de l'Inde ont été sans égaux, la spiritualité bouddhique émane de la reine khmère, plus que la spiritualité chrétienne, d'aucune de nos reines. (L'Inde brahmanique n'a pas de statues de rois.) Tout grand art religieux éclaire la nôtre. Les yeux de la reine sont clos, ceux du *Roi* de Beauvais aussi. Mais la foule sculptée de la grotte bouddhique se perd dans le Bouddha, celle d'Eléphanta dans la *Majesté;* le Bouddha s'appelle aussi le Compatissant, et qu'aurait à faire, de la compassion, la *Majesté* d'Eléphanta? Pourtant l'opération spirituelle de leurs sculpteurs nous aide à comprendre celle des sculpteurs romans. La *Majesté* oppose la Vérité de l'Inde à l'illusion universelle, le petit peuple des chapiteaux d'Autun figure la vie terrestre selon la Vérité chrétienne. La création hindoue était une dépossession, la création romane était une incarnation. Le sont-elles encore pour nous? Je pense aux foules sculptées des grottes d'Asie, et aux Tarots de Picasso qui couvraient les murs du Palais des Papes. Derrière moi, la Méditerranée d'Homère, les oliviers de Virgile, le cimetière, les hommes du début de l'ère atomique et du vrai Musée Imaginaire, celui qui n'existe pas — comme naguère, devant moi, la caverne hantée d'Eléphanta où l'Absolu méditait parmi les figures délivrées de l'impermanence et de l'Illusion. Dans l'hindouisme comme dans le bouddhisme, le christianisme et la tragédie grecque, le mot délivrance s'applique à l'un des hauts pouvoirs de l'art. Non pas exprimer : atteindre... Mais le sacré de l'Occident ne s'apparente à celui de l'Inde que lorsqu'il est dominé par l'Éternel, dans le Pantocrator et même l'Apocalypse de Moissac. Car le Christ, qui est aussi Dieu, impose sa médiation à l'inatteignable.

Il me semble écouter un diablotin de Miró, géométrique cette fois : " Je suis l'âme de l'Europe. Je m'appelle le cadre. On me croit tout naturel? Je suis une petite fenêtre. Le champ visuel des hommes n'est pas rectangulaire, l'espace n'est pas cubique. Tu as vu les grottes de l'Inde et de la Chine : leurs entrées ont l'air de sceaux posés au hasard de la montagne, leurs figures sont éparses comme les bisons de Lascaux. On peut pendre les rouleaux chinois, mais on peut aussi les dérouler scène par scène. Ceux des Han n'ont pas de fond; tu connais de la peinture européenne sérieuse sans fond? Vous seuls avez inventé la géométrie, récidivé par la perspective. Vous trouverez la liberté au Mexique et en Afrique comme ici : ce n'est pas elle qui fait question, c'est vous, tout seuls dans l'histoire et dans la géographie. Vous avez commencé par la Grèce. A peine aviez-vous inventé la sculpture romane, qui n'a pourtant rien à faire avec les frontons, que vous avez recommencé. J'ai été le tympan comme j'avais été la métope, j'ai été la fenêtre flamande, je suis devenu le tableau lui-même. Le châssis fait le tableau, le tableau ne fait pas le châssis. La symétrie, on la trouvera souvent ici; moi, le cadre, on ne me trouvera que dans les salles occidentales. A la place des invités, j'y réfléchirais... »

Le Musée Imaginaire nous révèle un sentiment fondamental de la vie, que notre civilisation ne tardera pas à étudier. Il oppose les arts de la transmigration à ceux de la vie unique, de la vie magique, de la vie éternelle; et peut-être au sentiment plus obscur de faire partie de l'avenir, né lorsque nous avons déifié celui-ci; grâce à l'archange Progrès, à l'archange Révolution, ou aux deux. Pourquoi aucun Américain n'a-t-il sculpté un autre Progrès que la

184

Liberté de Bartholdi? aucun Soviétique, une autre *Révolution* que celle de Rude? Faudra-t-il venir au musée pour analyser la religion de ceux qui n'en ont pas? Du moins ne le quittons-nous pas sans y prendre conscience que si nous étions menacés de renaître oiseaux, ou seulement femmes, nous regarderions autrement les oiseaux, les femmes, et nous-mêmes. Comment ne pas lier au fleuve indifférent par lequel la métempsycose suggère la vie universelle, la composition des fresques bouddhiques de l'Inde, ses foyers de perspective multiples, ses scènes apparemment éparses mais raccordées par des scènes plus petites comme dans les toiles de Jouy? Pourquoi la " fenêtre ", dans un monde où rien n'encadre rien? La composition occidentale est gouvernée par son centre ; celle de l'Inde, par la totalité qui l'emporte. L'Inde est inséparable de l'Englobant, des " états psychiques " (illumination, extase), de la transmigration. Le shéol et les champs Élysées de notre parrain Israël, de notre marraine la Grèce, n'ont jamais trop bien su ce que devenait l'homme après la mort, ni ce qu'il ne devenait pas — et le savons-nous si bien?

La valeur inconnue qui suscite le Musée Imaginaire ne l'ordonne pas, le grand rôle qu'y tient notre art n'est pas une royauté.

L'œuvre d'art n'y est pas devenue unique et personnelle : ces salles nous rappellent opiniâtrement l'ambiguïté de notre relation avec elle : « Combien de ces sculptures que vous admirez : hindoues, nègres, chinoises, khmères, mexicaines, égyptiennes, ne sont pas autre chose que des reproductions artisanales de prototypes! » Sculptures à quoi s'ajoutent les romanes, pour nous suggérer que ce n'est pas si simple.

La *Corê boudeuse* ou la *Victoire de Samothrace* perdue, nous en admirerions des copies? La métamorphose nous joue bien d'autres tours. Nous sommes vraisemblablement plus émus par la plupart des œuvres secondaires, mais porteuses de style, que ceux qui les ont vues naître; le changement de contexte aussi, fait partie de la métamorphose. Mais lorsque nous appelons artiste celui qui crée des formes, et artisan celui qui les copie, il reste à savoir si les sculptures de ces salles, de la salle africaine, sont des copies.

On sculptait naguère le masque-antilope des Dogon suivant la tradition, c'est-à-dire suivant un type, car le sculpteur ne prenait pas un masque ancien pour modèle. Les touristes vont changer tout cela, comme un pays hopi. Mais pourquoi ne serions-nous pas aussi légitimement sensibles aux masques de tradition, qu'aux excellentes reproductions d'un Cézanne?

Encore de telles traditions accueillent-elles souvent la liberté. La sculpture romane, la grande sculpture de l'Inde et de la Chine nous montrent des courants, non des modèles. Beaulieu n'imite pas Moissac, les Vierges de pèlerinage ne sont pas identiques. L'artiste suit son prédécesseur — non sans découvrir ce qui lui manque. Ce n'est ni l'habileté ni l'illusion. Le sculpteur de Beaulieu a vraisemblablement jugé Beaulieu plus chrétien que Moissac; chaque Dogon, son masque plus surnaturel que les autres. Peu importe, car il suffit qu'ils aient modifié l'œuvre antérieure, de façon délibérée. Que devient alors la copie? Ce n'est pas à l'individu, mais au style, artiste imaginaire (tâtonnement, maturité, mort) que va notre admiration.

L'évolution des œuvres anonymes s'ordonne selon la vie des styles. La sculpture chrétienne va du roman au gothique, non au préroman. Il est au moins troublant que même chez les tribus océaniennes où tout le monde sculpte à l'occasion des grandes cérémonies, la sculpture évolue.

Nous admirons, dans certaines œuvres, l'action d'un pouvoir qui semble à peine lié à la personne de leur auteur. Il est pourtant lié à sa volonté, non au hasard heureux qui forme les " compositions " des agates; ni à sa seule habileté d'artisan, dès que cesse l'imitation servile — la volonté d'imiter. La puissance de créer collective et successive, celle qui élabora les mythes et les contes, trouve parfois dans le Petit Bonhomme des Cyclades son serviteur, mais souvent son rival : l'évolution des formes est faite de mutations comme de continuités. Le sculpteur sumérien des *Goudéa,* dont nous ne savons rien, rompt avec ses prédécesseurs aussi manifestement que Giotto. Le tympan de Moissac n'est pas une copie. Nous aimons les têtes khmères dont les sculpteurs crurent peut-être imiter leurs prédécesseurs, qui avaient cru représenter le Bouddha ; nous aimons la trentaine de chrysalides du masque-antilope suscitées en un siècle, chez des sculpteurs anonymes, par le style dogon, créature de l'esprit. Mais le Petit Bonhomme de Picasso trouve tout seul, dans quelque île des Cyclades ou d'Océanie, le frère de ce masque élaboré par tant de tâtonnements. Quel écheveau de rêves, que de trouvailles successives, pour créer un seul Chat Botté ! J'admire le Chat Botté, j'aime les filandières de la nuit qui n'en voient jamais que l'envers, et qu'il abandonne pour aller se faire tisser plus loin. J'admire aussi Shakespeare. (Et même Perrault.) Et le sculpteur des Cyclades.

L'Asie attache peu de prix à l'idée d'expression, si importante chez nous. Van Gogh exprime Vincent, mais nous ne connaissons rien du Vincent qui sculpta la *Majesté* d'Éléphanta (ni, d'ailleurs, de ceux qui sculptèrent le Portail Royal de Chartres), nous n'en devinons rien dans son œuvre, où il se fût jugé intrus. Comme les religions mexicaines, celle du Christ peut s'accorder à un expressionnisme pathétique mal conciliable avec les dieux de l'Inde, inconciliable avec le Bouddha. La création mêle souvent la volonté d'exprimer et la volonté d'atteindre, mais la volonté d'atteindre ne se soucie pas plus de l'individu, que les civilisations historiques de l'Asie ou la sauvagerie de la salle africaine.

La moitié du Musée Imaginaire nous contraint à remplacer exprimer par *accéder;* à pressentir que jusqu'à Phidias, la beauté fut elle aussi l'objet d'une accession. L'artiste ne part plus du modèle (qu'il connaît) pour l'imiter ou le transformer; mais de l'invisible, qu'il tentera d'atteindre à travers le visible. Cet invisible était lié à la valeur suprême de la civilisation dans laquelle naissait l'artiste. Même si nous ignorions les textes sacrés, l'invisible qui suscita Vézelay ne serait pas celui qui suscita les grottes sacrées. Mais lorsque les divinités d'Asie qui m'entourent dialoguent avec le *Roi* de Beauvais, lorsque toutes ces figures révèlent un même processus de création, elles rejoignent les tableaux modernes de la salle voisine — et d'abord, ceux de Picasso. Je viens de voir le *Faucheur,* le *Monument aux Espagnols,* les *Femmes sur la plage.* Il ne s'agit ni de femmes, ni de faucheur, ni d'Espagnols, ni d'expressivité. Il s'agit évidemment d'accession, non plus au sacré, à la beauté, au divin, mais au monde que Picasso appelle la " peinture " pour ne pas l'appeler l'art. Monde chargé, à ses yeux, d'une valeur suprême. Énigmatique — beaucoup plus que celui des dieux? Moins légitime — beaucoup moins que celui de la musique? En musique, l'un des chemins d'accession à l'inconnu passe par ce que Menuhin appelait la louange. En peinture, par la révolte. Et auprès d'une figure de Çiva, est-ce tellement solliciter les mots, que rapprocher le fameux : « Je ne cherche pas, je trouve », de Picasso, et la note que Pascal a prise pour les siècles : « Tu ne me chercherais pas, si tu ne m'avais déjà trouvé »?

Un petit escalier, des figurines japonaises prébouddhiques, récentes acquisitions du Musée Imaginaire. Dans la dernière salle, isolé, le conservateur japonais à côté de lui, un chef-d'œuvre illustre : le *Portrait de Shigemori* de Takanobu. Ici commence le plus pressant interrogatoire de la peinture occidentale.

Même pour les peintres qui sont allés au Japon, l'art japonais le plus familier reste celui des estampes. Mais l'estampe japonaise, c'est l'arabesque, le fond clair, le papier et l'anecdote; alors que le *Shigemori* est une architecture austère et noire sur un fond mat, la soie à la limite de la décomposition, et le plus grand style de la sérénité.

190

En Occident, peinture mate veut dire fresque. Mais la fresque connaît l'ombre. Elle n'est jamais précieuse. Je n'ai trouvé la matière de ce rouleau que dans le *Château noir* de la collection Picasso : Vollard, fidèle à Cézanne, ne l'avait pas verni. Les tableaux de l'Occident brillent...

Au Japon, je n'ai pas vu le *Shigemori* dans son temple, mais dans le bureau de la conservatrice du musée de Kyoto, car le musée ne l'exposait qu'un mois chaque année. La poésie de Kyoto rivalise avec celle de Venise ou d'Ispahan. La géométrie monumentale de Takanobu, parmi les sinueuses divinités de l'école hiératique, était aussi singulière qu'ici. Le *Shigemori* se trouvait néanmoins à Kyoto parmi les siens; ici, il est seul. Dans l'art des grandes figures, il n'a ni prédécesseur ni successeur. Météore comme le maître des *Goudéa* dans la sculpture mésopotamienne, ou la *Pietà* d'Avignon dans la peinture médiévale.

Shigemori fut un grand ministre vers 1200. Grandeur nature, jambes croisées dans un anguleux kimono qui laisse paraître les ornements minuscules et irremplaçables des accessoires bleu pâle, grenat, saumon — c'est une géométrie absolue, éternelle autant qu'un triangle, souveraine comme le serait un *Guernica* accordé au cosmos — un idéogramme du mot : héros. Le visage plat, où les traits, les yeux et la moustache sont des lignes presque effacées, forme lui-même un hiéroglyphe, ordonné par le large trapèze du manteau. La lumière de Vence est-elle meilleure que celle de Kyoto? La matière semble fragile comme les ailes des papillons, prête à tomber en poussière, maintenue seulement par l'architecture de l'œuvre. La rigueur d'un papier collé de Braque, entailles noires sur fond mort. Le personnage n'a que l'importance des vivantes dont l'Italie faisait des Vénus. Seule, la psalmodie d'autre monde écarte une référence à la construction cubiste, ou aux pliages des enfants : cocottes, flèches, bateaux. Ce portrait d'ancêtre est un bateau des morts, surmonté du visage du mort qu'il emporte. Comment ne pas songer à la façon dont d'autres civilisations ont signifié l'homme — à ce que Picasso appelait le Masque? Ici, le Masque est le tableau lui-même. Je pense aussi à ce que le christianisme nomme les Corps Glorieux, délivrés de l'humanité. Celui-ci est délivré de l'humanité par la peinture. Mais par une peinture qui n'est pas la nôtre.

On a disposé des sièges devant le rouleau vertical. Bien que le ferment européen l'ait ressuscité parmi d'autres chefs-d'œuvre, il entre au Musée Imaginaire sans y perdre son recueillement, comme les sculptures sauvages y entrent sans y perdre leur sauvagerie. Ce chef-d'œuvre insidieux n'en met pas moins en cause la conquête du monde par l'art occidental; et tout le Musée Imaginaire, qui pourtant l'annexe.

Il nous apporte d'abord quelques surprises mineures.

L'adresse, qui a joué un rôle capital dans l'histoire de notre art, n'en a joué aucun dans celle de l'Extrême-Orient, ni dans celle de l'Égypte, peut-être en raison de leur écriture idéographique. Le *Shigemori* n'est pas un primitif : au sens européen, il n'existe pas de primitifs japonais.

Notre bain d'ombre, auquel une salle entière du rez-de-chaussée est dédiée, n'existe pas en Extrême-Orient. Ni dans notre art moderne, sans doute; le Japon ne l'écarte pourtant pas de la même façon. A Notre-Dame-de-Vie, l'ombre de Velázquez, Delacroix et Courbet englobait une époque; en face d'une œuvre capitale de l'Asie, elle n'est plus liée à une époque, elle exprime l'Occident. Le portrait né avec elle au xve siècle (et que nous ignorions au temps de Takanobu), ne lui survivra guère.

Appellerai-je encore mineure, la troisième surprise? Cet art fait, du nôtre, un art de l'antagonisme. Chez nous — à l'exception d'une fine et secrète tendance : Vermeer, Chardin, Braque — quelque chose se bat toujours contre quelque chose. Devant le grand art de l'Asie, notre peinture depuis le baroque, Rubens, Venise, la triade romantique qui unit Goya et Rembrandt à Michel-Ange, tout l'esprit des cathédrales, le génie roman malgré sa rigidité (la catalepsie romane est hantée), tout l'art occidental depuis les premières figures chrétiennes jusqu'à Van Gogh, devient un art ravagé. Même l'antique finit dans le Combat des Géants de Pergame. Les styles sévères de Grèce et de Toscane, puis Raphaël et Poussin, montrent moins cette altercation inépuisable; le Poussin de la première salle, très beau, semble pourtant un Takanobu " extérieur ". Entre nos différents mondes de l'art, c'est celui de la beauté qui s'apparente le plus à celui de l'Extrême-Orient, parce qu'une seule orientation impose à chacun d'eux son unité. La grande architecture de Cézanne, architecture conquise, ressuscitera le Greco; Poussin, qui se réclamait de l'antique, ne pourrait maintenir que la résurrection de ce style, abandonné par l'Europe et négligeable en Amérique — alors que nous ressuscitons toutes les griffes, tous les crocs, tous les arts de la nuit. Ce n'est pas seulement l'art asiatique, c'est l'Asie entière, qui a découvert dans l'Occident moderne, le secret meurtrier de l'univers : pour Darwin, Nietzsche, Marx, même Freud, le *tao* de la nature, de l'histoire, de l'homme, est combat. Pour Picasso, l'âme de la peinture est la " tension " — terme clément. Même l' " homme réconcilié " de Raphaël accueillerait mal le sourire pacifié dont le bouddhisme avait béni l'Abîme...

La peinture extrême-orientale, du moins celle qui n'est pas née de la fresque, est absente de la Fondation, sauf par cet éclatant chef-d'œuvre. Son absence ne gêne personne : elle est absente de notre esprit, du Musée Imaginaire de nos artistes, car les estampes japonaises sont plus différentes de cette peinture que de la nôtre. La foule se rue au Grand Palais pour y voir la sculpture précolombienne, mais des siècles de peinture chinoise, coréenne et japonaise ne sont qu'affaire de spécialistes.

Quel est ce tabou? Comment notre avidité, qui ressuscite les moindres enluminures nestoriennes, dédaigne-t-elle la profusion de la seule peinture rivale de la nôtre?

La commotion devant les "monstres" annonciateurs des Tarots de Picasso, celle que j'ai reçue jadis devant la *Pietà* de Villeneuve, Arezzo, le retable de Grünewald ou la *Corê boudeuse,* je la reçois aujourd'hui, je l'ai dit, plus qu'à Kyoto — sans doute d'abord parce que le *Shigemori,* séparé de la peinture de son temps, surgit comme un aérolithe. Il a été peint pour être vu seul, rarement. Il se trouve d'ailleurs seul dans cette pièce. Son domaine pictural surprend, parce qu'avant le sentiment de perfection qu'il impose peu à peu, il saisit par la découverte de moyens inconnus, comme certains Rembrandt lorsque l'on découvre que Rembrandt a inventé sa lumière, ou comme la

Pietà d'Avignon qui ne s'apparente à aucun tableau. Il oppose la subtilité des grands aplats morts à la force de la géométrie noire qu'il leur accorde comme, dans une salle voisine, Manet accorde ses noirs célèbres au visage de Berthe Morisot. Mais ce tableau montre une touche magistrale; Takanobu n'a pas de touche. Dès que l'on pense à Manet, cette admirable peinture cesse d'être une peinture; elle deviendrait un quartz noir si elle n'était plate, d'un nivellement aussi arbitraire que notre profondeur : une absence de relief sans rapport avec la nature puisqu'elle exprime une relation entre des volumes sans ombre, et qui ne peut exister que dans l'art. Les triangles saumon, la ligne du cordonnet bleu pâle, ignorent l'espace, s'encastrent dans le noir découpé du vête-ment, comme la flûte chinoise dans le son grave des tambours de bronze. Ces angles si peu chinois, mais inconcevables en Occident, nous rappellent que le Japon ne partage avec la Chine ni la gamme, ni la chevalerie, ni l'amour, ni le sentiment de la mort. Les idéogrammes, la Réalité intérieure suf-fisent. Et la matière de cette œuvre intemporelle suggère une fragilité que ne connaît pas notre peinture solide, une patine chargée de siècles comme les patines chinoises au poudroiement d'amandes vertes.

L'œuvre la plus austère d'un art somptueux, les

siècles, la solennité, un vague cubisme, le modernisme incisif de ce que nous n'avons pas encore découvert... Ce rouleau est génial, donc insolite. La métamorphose le change en tableau comme elle change un Ancêtre africain en sculpture; le Musée Imaginaire l'annexe à ce titre. Il est vain de tenter de l'admirer comme le faisait peut-être Shigemori, même comme un peintre contemporain de Takanobu. Nous n'admirons pas le Portail de Chartres comme un chrétien du XIIᵉ siècle, fût-il sculpteur, qui le vénérait. Les féticheurs n'admiraient pas leurs masques. Chasser du Musée Imaginaire la métamorphose pour mieux comprendre les œuvres serait chasser le surnaturel d'une cathédrale pour mieux comprendre les offices. Notre relation avec l'art du passé est aussi liée à la métamorphose, que l'est au christianisme, la relation d'un croyant avec le Christ.

Nous ne regardons pas tout à fait le *Shigemori* comme l'œuvre d'un Braque extrême-oriental; pas même au sens où nous pouvons regarder *Les Instruments du fumeur* de Chardin, comme un Braque du XVIIIᵉ. Pourtant, si la réduction du rouleau japonais au domaine pictural n'avait pas lieu, nous ne *verrions* pas le rouleau, nous verrions seulement ce qu'il représente; c'est pourquoi la peinture chinoise attaque si peu le Musée Imaginaire.

J'ai souhaité voir ici le *Portrait de jeune fille* de Rogier

Van der Weyden. Quel dommage, que la Fondation n'ait pu l'obtenir de Washington! Le Chrétien, par une opération encore un peu magique, puisque le modèle du portrait y échappe à la vieillesse et à la mort, livre une femme à la nouvelle peinture chrétienne; Takanobu, par une opération presque semblable, fait de Shigemori un idéogramme souverain. Comparés à son invulnérable douceur, toutes les œuvres du Musée Imaginaire paraissent se débattre ensemble.

Ni lumière, ni espaces, ni volumes. Des signes. A l'épaisse ceinture de la jeune Flamande, s'opposent le graphisme de la poignée du sabre, et de son cordonnet cendre bleue; à la transparence du voile, s'oppose l'arbitraire du triangle saumon sur la plus grande coupe du kimono. Aux plans fidèles du visage féminin, les traits imperceptiblement précis des yeux, des lèvres et de la fine moustache du ministre répondent par la phrase de Michel-Ange à François de Hollande : « On ne peint chez vous que pour tromper la vue! » La " Réalité intérieure " ne s'oppose pas à l'illusion moins efficacement que la création de figures héroïques.

L'Occident connaît mal ce concept, parce que notre individualisme tient toute réalité intérieure pour subjective, et la confond avec le caractère particulier qu'expriment les œuvres : la réalité intérieure de

198

Van Gogh, c'est ce qu'expriment ses tableaux. L'Extrême-Orient traditionnel ne s'intéressait pas aux sentiments personnels de Takanobu, mais à sa faculté de sourcier. La Réalité intérieure existait à l'égal de l'autre. La seconde était confirmée par le témoignage de nos sens; la première, par le témoignage d'un sens supérieur, que partageaient tous les hommes cultivés, comme tous les croyants partagent le sens religieux. La réalité commune était celle des hommes du commun. Seul, l'art atteignait la Réalité intérieure; on ne la connaissait pas, on la reconnaissait. La chrétienté romane n'eût pas été troublée par l'idée d'une Réalité intérieure objective : elle la prodiguait dans ses tympans et l'appelait Vérité. Mais elle voulait révéler en toute chose le témoignage du Christ; l'Extrême-Orient attend seulement, de ses signes émotifs, la Réalité intérieure qu'ils manifestent. L'Occident veut qu'une valeur suprême soit inséparable de la vérité suprême. Elle le devient toujours? En Chine, presque par mégarde. Non que la Réalité intérieure fût une chimère; la vérité faisait seulement partie de ses attributs. L'important était qu'elle apportât à la vie, sa qualité – que toute valeur suprême apporte. Et qu'elle ne conduisît pas l'homme à la solitude, mais à une communion. L'Extrême-Orient non bouddhiste veut échapper à la Vie comme le bouddhisme veut échapper à la Roue;

mais par la communion *avec son essence*. Il exista une esthétique chinoise et même plusieurs ; la relation fondamentale de l'Extrême-Orient avec l'art n'est pourtant pas seulement esthétique. Bien qu'indifférent à la connaissance au sens occidental, cet art est moyen de révélation. Il découvre et exprime l'essence que les choses choisies recèlent, toutes ces essences reflétant l'Essence suprême. La Réalité intérieure oriente la création de l'artiste extrême-oriental de la même façon que Çiva oriente celle du sculpteur hindou et peut-être — la " peinture ", celle de Picasso. La nature morte européenne exprime le peintre, la nature morte de l'Extrême-Orient dévoile la vie. C'est pourquoi la représentation des objets manufacturés lui est interdite, pourquoi les peintres japonais ont été bouleversés par la *Chaise* de Van Gogh. « Il y a une vérité picturale des choses », disait Cézanne. Et même une vérité tout court, eût répondu l'Extrême-Orient, où Tche-Tao écrivait au temps de Poussin : « Le pinceau sert à faire sortir les choses du chaos. » Je pense à une cellule dans un couvent presque abandonné, près de Nara ; accroché aux nattes verticales, un seul vase, merveille informe ; une seule fleur d'hibiscus grenat et qui tremblait aux battements d'un gong lointain, espacés dans l'éternité.

Takanobu relie Shigemori à l'Essence suprême.

Comme la peinture franciscaine du Trecento oppose aux vivants éphémères, un monde de Jésus, la peinture traditionnelle de l'Extrême-Orient unit ses figures, ses bêtes, ses paysages, ses fleurs, tout ce qui n'a pas été créé par l'homme, dans un monde sans combat et sans péché, pendant plus de mille ans. Que le bouddhisme ne nous égare pas; l'Asie a tenu l'art pour un pouvoir de pénétration du monde avant de connaître le Sermon de Bénarès. Elle l'a trouvé, à l'occasion, dans le taoïsme, le confucianisme, le shinto, dont les arts successifs ou simultanés ne montrent que les affleurements de son courant souterrain. Les grands peintres chinois copiaient les maîtres des dynasties antérieures, plus fidèlement que l'antique ne copia l'art grec. Car le langage de la Réalité intérieure qui préexiste à l'art mais que l'art révèle, veut ignorer le temps. Lorsque Takanobu entreprenait le portrait de Shigemori, il se préparait à peindre en communion, en rivalité sans doute, avec les rouleaux qui l'avaient manifestée, avec l'idée confuse qu'il se faisait de leur ensemble, comme Poussin avec l'idée confuse de celles qui avaient manifesté la beauté — ou Manet, de celles où s'était exprimé le pouvoir pictural. Ces œuvres survivantes apportaient aux peintres le passé délivré du temps, le monde dans lequel allait naître le portrait de Shigemori : le Musée Imaginaire de l'Asie.

Le permanent combat qui tisonne notre art est ressenti par les Asiatiques avec beaucoup plus de force que nous ne ressentons l'accord qui animait jadis le leur; ils ressentent violemment ce qu'ils appellent notre fureur de possession, chez Van Eyck comme chez Picasso, dans l'expressionnisme terrible des crucifix rhénans comme dans l'expressionnisme théâtral du baroque. Pour le sculpteur d'Eléphanta, d'Angkor, du Boroboudour, de Nara, pour tous les maîtres du lavis, émane des grandes œuvres une zone protectrice, semblable à celle du sacré — que l'idée d'art leur soit familière, ou presque inconnue comme dans la grande statuaire de l'Inde. Tout cet art tient l'homme à distance : ne touchez pas mais approchez... C'est la guérison de Tantale par la délectation.

Aucune de nos langues n'a de mot pour exprimer cette attitude séculaire. Un de mes amis japonais m'a dit à Kyoto : « Vous voulez être dans le tableau, alors que nous voulons être dehors. La peinture européenne a toujours voulu attraper les papillons, manger les fleurs et baiser les danseuses. » Magnétisés par le tableau, les amateurs asiatiques en restent séparés par une aura qui le protège à la façon d'un invisible verre. Ce que nous traduisons par le mot retrait, au sens où l'on peut employer ce mot pour l'horizon marin qui recule devant nous. Car il s'agit d'un lointain protégé par son essence même. Nul n'étreint la *Majesté,* nul ne se rapproche du *Shigemori,* séparé de nous mais non éloigné. Le paysage des lavis extrême-orientaux n'a pas de premier plan; la perspective chinoise écarte le spectateur; jamais l'Asie n'a compris notre indifférence au brouillard qui joue dans ses paysages le rôle de la lumière dans les nôtres...

Les merveilles de l'insaisissable ne sont pas inconnues de Titien, de Rembrandt. Mais il y reste toujours, pour un peintre japonais traditionnel, l'accent de possession souvent lié, précisément, à la lumière — et qui nous apparaît lorsque nous rapprochons la boue rutilante de l'*Homme au casque* et le *Shigemori...* Sans doute l'art chrétien a-t-il pendant des siècles tâtonné vers le Christ, mais aux yeux des Asiatiques, il semble toujours l'avoir capturé. Et même aux nôtres, lorsque, entre les chefs-d'œuvre chrétiens, nous ne regardons qu'un seul Christ... De plus, à l'opiniâtre " s'exprimer " de l'Occident, l'Asie a longtemps répondu : " exprimer ce que ne possède personne ". Nous parlons de son art comme s'il voulait pourtant posséder le mystère qu'il manifeste, mais il n'en possède que la proximité...

Il est vain d'imaginer comment notre Musée Imaginaire annexerait la peinture extrême-orientale, car nul ne peut prédire les voies de la métamorphose.

Vain, mais passionnant. Nous rassemblerions d'abord les œuvres les plus hétérogènes à celles de l'apparence, soit par leur hiératisme, soit par leur style, soit par un provocant refus d'imiter ce qu'elles représentent : la grande peinture du bouddhisme, Takanobu et les rouleaux de l'époque Kamakura, le lavis de la tache crachée et de la tache raffinée (de Ying Yu-Chien aux fameux fruits de Mou-Ki), les Excentriques dont les amateurs occidentaux commencent à rechercher la véhémente liberté, puis les rochers imaginaires et le cher lavis zen... En somme, nous tirerions de l'Asie un art qui n'était pas le sien. Comme du reste... Au bénéfice de quoi ? C'est l'une des plus hautes questions que pose le Musée Imaginaire.

Paul Valéry m'a dit en 1935, lorsqu'il écrivait le *Préambule* à la grande exposition italienne : « J'appelle grand art, celui qui engage tout l'homme, selon la hiérarchie même de l'esprit. » J'y pensais tout à l'heure devant le portrait de Berthe Morisot, sa tante. Quel étrange accent prend sa déclaration, dans cette salle où le *Shigemori* s'unit avec les œuvres qu'il avait élues, pour proclamer, contre celles que nous avons ressuscitées : le plus grand art est celui qui exprime le plus haut degré de civilisation !

« L'art qui engage tout l'homme » s'opposait

d'abord à celui qui avait entouré Valéry. Lequel eût approuvé la lettre de Baudelaire à Manet, après *Olympia* : « N'oubliez pas que vous n'êtes que le premier dans la décadence de votre art. »

Position plus troublante que la sienne, car Baudelaire découvrirait avec admiration le Greco, Georges de La Tour, Vermeer, entendrait vite le langage des masques, des fétiches, des diables de Miró. Il parle de la beauté, comme Valéry; pas de la même. La peinture qu'il oppose à celle de Manet, c'est celle de Delacroix.

Delacroix avait mis « la plus belle palette du siècle » selon Cézanne, au service d'une transfiguration. Il avait respecté une hiérarchie, à défaut d'un cosmos. Il avait tenu pour incontestable le primat d'un " grand art ". Il avait vu dans la transfiguration, son plus puissant moyen. Il s'était jugé coupable de préférer certaines de ses esquisses à ses tableaux : la transfiguration possédait l'imaginaire, les esquisses ne possédaient que la peinture. Baudelaire aimait les esquisses de Delacroix. Mais au temps où Valéry découvrit la peinture, la dernière et la plus puissante expression de « tout l'homme » était l'imaginaire. Lorsque Van Gogh a " copié " Delacroix, lorsque Manet et Cézanne ont copié des maîtres vénitiens, ils ont commencé par en détruire le poème, au bénéfice de la nouvelle divinité : la peinture, la peinture seule.

C'est bien elle, que Valéry tient pour usurpatrice. Mais tout à l'heure, les impressionnistes et même Manet ne régnaient pas sur la grande salle, que dominaient Cézanne et Van Gogh. A ce que Valéry appelait les plus hautes facultés de l'homme, Claude Monet, les Promeneurs, avaient répondu avec des voix d'opticiens et de jardiniers; Van Gogh répond avec la voix d'un martyr. Lequel d'entre nous, devant ses tableaux, devant ses lettres atroces, dirait que sa peinture, qui l'engageait d'évidence tout entier, n'engage pas tout son spectateur?

Valéry eût-il aimé Takanobu? Il ne l'eût certainement pas écarté comme un simple sculpteur de fétiches. L'art de la Réalité intérieure, lui aussi est lié à une hiérarchie (un peu plus secrète); inséparable, par là, d'un degré de civilisation. Nous ne nous trouvons pas seulement en face d'un fait pictural, même lié à l'imaginaire.

Il suggère, il nourrit, un domaine de sensibilité qui fut l'une des plus hautes valeurs de la cour de Nara dans la poésie, la danse, la vie — mais aussi dans les arts martiaux. Son expression suprême n'est pas la relation de superbes plans noirs et du signe d'un visage, c'est la mort rituelle, le hara-kiri. Ce que Takanobu suggère très bien. L'adjectif : civilisé ne suffit pas à exprimer la qualité de son art, mais elle s'oppose radicalement au mot : barbare.

Mot né en Grèce, où la beauté gouverna l'art comme la Réalité intérieure a gouverné celui de l'Extrême-Orient; l'art d'un cosmos n'est jamais tout à fait étranger à l'art d'un autre. A Hang-Tcheou et à Nara, comme à Olympie, l'art s'est voulu le reflet et l'agent de l'harmonie ordonnée du monde, qu'on l'appelle cosmos ou yin-yang. La phosphorescence du firmament.

« Tout l'homme », c'est tout l'homme classique. L'art que Valéry plaçait le plus haut, celui de Léonard ou celui de Racine, exprimait, nourrissait un état supérieur de *culture*. Il en tirait sa promesse d'immortalité. L'Occident l'a longtemps entendu ainsi. Mais celui des grandes époques de foi? Valéry, pour ramener la peinture de son temps à la modestie, lui oppose la « hiérarchie même de l'esprit ». Manet lui répond ici faiblement, même dans l'admirable *Berthe Morisot;* mais le *Roi* de Beauvais, Moissac, toute la sculpture romane? Sans doute pensait-il qu'elle n'engageait pas l'esprit. L'intelligence désespérée de cet adversaire de Pascal n'employait guère le mot âme. Quand Picasso a dessiné son portrait, que n'ont-ils parlé des masques! L'esprit n'aime pas non plus les esprits. Mais je sais ce qu'il répondrait : « Même si ces arts assument tout l'homme, il ne les gouverne pas. »

Pourtant, à la leçon méditerranéenne que me rappelle le bruit de la pluie qui commence à tomber sur

les oliviers, le Musée Imaginaire répond à son tour :
« L'esprit ne suffit pas à rendre intelligible l'opération qui créa tour à tour la frise du Parthénon, le
Shigemori et le masque des Dogon; les arts que
l'homme gouverne peut-être, et ceux qu'il ne gouverne pas. Moins encore, l'opération par laquelle ces
œuvres nous parlent toutes trois. Car cet art que
n'avait pas annexé celui de la beauté, qui lui ressemblait, est annexé par le Musée Imaginaire de la civilisation qui a conquis la terre. C'est lui, qui a ressuscité les arts les plus ravagés, et c'est lui qui ressuscite
Takanobu. Par une métamorphose draconienne, le
Shigemori va devenir un de ses chefs-d'œuvre. Bien
qu'il quitte son temple pour le musée de Kyoto un
mois par an à peine, il est ici. Les recherches des
peintres japonais inspirées par notre art se multi-
plient, alors qu'aucune recherche n'anime plus l'art
traditionnel du Japon. Son " monde de l'art " disparaît, comme a disparu notre monde de l'art roman,
contemporain de Takanobu. Le Japon, converti au
combat, entre dans notre monde de l'art comme y
entre l'Afrique : parce qu'aucun autre monde de
l'art mondial n'existe. Au temps des colonies, l'Asie
dédaignait notre art; le Musée Imaginaire n'a pas
envahi le monde, apporté par les conquérants : il l'a
conquis parce que son émancipation de la beauté, et
même de la culture, le chargeait de la promesse d'un

langage universel. Le Musée Imaginaire, provisoirement, c'est l'Occident. »

Les statues sumériennes retourneront en Syrie, le *Shigemori* dans son temple, tous les tableaux modernes chez leur possesseur. On ne verra plus *Berthe Morisot* de Manet auprès de la grande *Forêt vierge* du Douanier ; Titien, Velázquez, le Greco, Poussin, Chardin et Corot dans la salle voisine, tant de sculptures de haute époque dans celle-ci, et dehors, le jour qui baisse sur la Méditerranée... Au-delà des collines, à quelques kilomètres, les toiles veillent dans les pièces encombrées de Notre-Dame-de-Vie. « Un objet d'art et une peinture, ce n'est jamais la même chose... »

Je pense aux funérailles de Le Corbusier, à la Cour Carrée du Louvre comme un puits nocturne entre ses murs éclairés. Les ambassadeurs de l'Inde et de la Grèce attendaient, porteurs d'offrandes.

« Adieu, mon vieux maître et mon vieil ami. — Bonne nuit... — Voici l'eau sacrée du Gange, et la terre de l'Acropole... »

Ces chefs-d'œuvre que je quitte ne sont-ils pas des offrandes pour les funérailles de la dernière grande époque de la peinture ?

De Chardin jusqu'à Picasso, tous les grands peintres, comme ils allaient jadis à Rome, sont venus à Paris. Au discours d'inauguration de la première Biennale, j'ai dit : « Auprès d'un fleuve que bordent les boîtes des bouquinistes et les marchands d'oiseaux, dans cette ville où la peinture pousse entre les pavés... » Braque et Picasso vivaient encore. Les peintres vont aller n'importe où, c'est-à-dire nulle part. J'ai lu jadis dans *Le Journal* la mort de Renoir, j'ai vu la " vente Degas "; je n'étais pas surpris de vivre pendant cinquante ans, dans la plus grande peinture de mon temps... Là-haut, habitués du néant, le prince Shigemori, de ses yeux japonais qui n'ont jamais vu peindre l'ombre, regarde l'art de l'Occident, qui ressuscita toute la peinture de la terre, rejoindre les grands poètes de l'ombre occidentale, l'obscurité hantée de Goya, de Titien, de Rembrandt. Il faut aller préparer le discours que je prononcerai au dîner; ajouter à mes notes, celles que cette journée m'apporte... La lumière se couche dans les pins, que les cyprès solennels accordent aux mosaïques comme à toutes les ruines de la Méditerranée depuis Sagonte jusqu'au bois sacré d'Epidaure. Dans la cour, les figures de Giacometti recueillent l'ombre pour devenir de vrais fantômes. La nuit monte peu à peu des collines de Provence jusqu'à la fourche et au diable de Miró, qui se découpent sur le ciel de plus en plus pâle.

VII

Le dîner de la Fondation a lieu au restaurant de
Mougins. Au-dessus de nous, Notre-Dame-de-Vie,
sans lumière. Cordial brouhaha. Peintres, conservateurs, critiques, amateurs. Le conservateur japonais qui accompagne le *Shigemori*. Le baron Thyssen,
qui a prêté pour la première fois l'un des derniers
Titien, *L'Annonciation* du Greco, et deux autres chefs-
d'œuvre. La secrétaire espagnole qui m'assistait en
1938 quand je dirigeais en Catalogne la mise en scène
de *L'Espoir;* elle possède l'une des grandes galeries
de Barcelone. Avec elle, je retrouve la Rambla des
Fleurs pleine d'aubépines et traversée d'ombres, la
nuit dans Madrid clandestine où erraient seuls les
aveugles qui chantaient *L'Internationale,* et un fonc-
tionnaire français tout occupé de ses serins pendant
que les files noires des réfugiés franchissaient la fron-
tière. André Parrot, dont les fouilles de Mari ont
exhumé les trois statues sumériennes. Dina Vierny,

amie et modèle de Maillol, dont le corps règne sur le Jardin du Carrousel. Roger Caillois, qui a écrit pour l'exposition une préface pénétrante et inquiète. Ludmilla Tchérina. Louis Guilloux. Chagall. Les baies sont ouvertes au bruissement de la pluie nocturne. Je pense à la neige sur Verdun, sur Teruel, sur la Chine du Nord, sur le maquis, sur l'Alsace; et j'écoute cette pluie tiède sur les oliviers.

J'ai pris des notes pour résumer, en réponse à l'amical discours que les invités d'Aimé Maeght attendent de lui, les propositions que j'ai commencé d'élaborer il y a trente-cinq ans, et auxquelles répond le titre de cette exposition. L'expérience de la création littéraire m'a souvent paru éclairer la création picturale des maîtres que j'ai connus; depuis que j'ai défini l'art comme un anti-destin, j'ai trop vécu loin de l'Europe, pour ne pas ressentir le caractère singulier, unique, de notre art et de nos musées, malgré leur conquête de la terre. Peu importe qu'on approuve mes réponses, si l'on ne peut ignorer mes questions. *La Condition humaine,* les *Antimémoires, La Métamorphose des Dieux,* sont des chapitres d'une même vie; j'avais vingt-deux ans quand j'ai rencontré Braque, soixante-deux quand j'ai fait, de la colonnade du Louvre, les deux ailes de sa veillée funèbre. Et le Musée Imaginaire de 1973 n'est pas le Louvre de 1925...

Voici le discours.

« Nous venons d'assister à la première incarnation du Musée Imaginaire. Non par un État, mais par l'une des premières galeries d'art moderne de notre temps. Car ce musée est inséparable de notre art, et notre art, depuis Manet jusqu'à Picasso, est inséparable de son dialogue avec le Musée Imaginaire qu'il ressuscite.

« Pauvre Musée malgré ses chefs-d'œuvre, comparé aux rêves de chacun de nous! Mais son incarnation pose avec brutalité les problèmes que sa conception posait à voix basse.

« Qu'affirmait le Louvre? qu'avait répondu Giotto à Cimabue, aux mosaïques byzantines du baptistère de Florence devant lequel il passait chaque jour? L'art est une interprétation de la nature — de ce que les hommes peuvent voir.

« Que suggèrent les quatre mille ans du Musée Imaginaire? L'art est une manifestation de ce que les hommes ne peuvent pas voir : sacré, surnaturel, irréel — de ce qu'ils ne peuvent voir que par lui.

« A maints égards, la Renaissance a été la résurrection du visible.

« A maints égards, le Musée Imaginaire est la résurrection de l'invisible.

« Il semblait devoir porter à son fronton la Déclaration des Droits de l'art moderne :

« " Avant d'être un cheval de bataille, une femme nue, ou une quelconque anecdote — un tableau est essentiellement une surface plane recouverte de couleurs en un certain ordre assemblées. "

« Et le voilà stupéfait de la mettre lui-même en question. Car elle y devient :

« " *Avant* d'être une déesse sumérienne, la *Majesté* de l'Inde, Aphrodite, la Vierge ou *L'Esclave* de Michel-Ange, une sculpture est un système de formes en un certain ordre assemblées. "

« Ce qui eût fort étonné les sculpteurs des *Goudéa,* des archaïques grecs, des grottes d'Eléphanta, des figures romanes, et Michel-Ange. Ils eussent évidemment répondu : " Assemblées à quelle fin, sinon pour devenir une divinité, une Vierge, ou même *L'Esclave héroïque?* " Donc, afin d'échapper au réel; c'est aujourd'hui que la déesse et la Vierge sont devenues des ensembles de volumes.

« Pourtant, au moment où la peinture ne devrait plus concerner que les peintres, les villes d'art remplacent les villes de pèlerinage. J'ai écrit jadis : " La propriété privée des œuvres d'art, déjà limitée, devient viagère. Les chefs-d'œuvre sont prêtés aux rétrospectives, presque toutes les grandes collections finissent au Musée : trois d'entre elles forment le premier musée d'Amérique. Américains et Japonais défilent par millions devant les tableaux de Braque et de Picasso, pendant que les cérémonies commémoratives de la mort de Rembrandt sont présidées par les derniers rois d'Europe, que l'exposition de nos vitraux est inaugurée par le dernier empereur d'Asie, et que les Soviétiques se pressent à l'Ermitage. "

« Depuis, le Grand Palais a reçu le musée de Dakar, les obsèques de Braque ont eu lieu sous la colonnade du Louvre, tous les journaux du monde ont amoncelé leurs fleurs funèbres sur la tombe de Picasso. Et cette Fondation, qui n'est pas à Paris, pas même dans une grande ville, attend cent mille visiteurs.

« Notre art — celui du passé, celui du présent — se conçoit en tant qu'art. Ce fut rarement le cas, de Sumer à la sculpture romane, sauf, sans doute, pour l'art romano-hellénistique. Mais le mot art s'applique bien mal à l'émotion que *nous* éprouvons devant une œuvre d'art; et même à la communauté des artistes. Que signifie : amateurs? Appelle-t-on les chrétiens : amateurs de christianisme?

« Du moins, savons-nous que nous appelons artistes ceux à qui l'art est nécessaire — créateurs ou non. Aimer un être n'est pas le tenir pour merveilleux, c'est le tenir pour nécessaire.

« Néanmoins, si nous savons — avec indifférence —

que l'art se référait jadis à la beauté, chacun de nous ignore, avec malaise, à quoi se réfère l'art sans lequel il ne pourrait pas vivre.

« L'Europe des Grandes Monarchies n'avait pu *voir* une Vierge romane, sans la comparer à une Vierge de Raphaël.

« L'Occident, lorsqu'il découvre les arts de haute époque, regarde cette Vierge en la rapprochant des figures des grottes hindoues et chinoises, des reines khmères, des divinités hindoues, des grandes Kwannon japonaises de Nara.

« Il découvre des évolutions de formes assez semblables : la sculpture chinoise passe de la dynastie Weï à celle des Tang, comme notre sculpture passe du roman au gothique.

« Mais au classicisme, halte! Tous les arts de l'Asie passent du gothique au baroque. L'Europe seule a connu l'aventure que nous appelons la Renaissance, et sans laquelle elle ne serait sans doute pas devenue maîtresse du monde.

« Or, c'est cette aventure qui avait imposé à l'art européen son domaine de références : beauté, nature, adresse, illusionnisme, etc., donc, son histoire.

« En découvrant les hautes époques des arts asiatiques, l'Europe, éberluée, subit une révolution copernicienne :

« L'art mondial cesse de tourner, pour elle, autour de ces références.

« Le Musée Imaginaire en détruit le primat, non parce qu'il les nie, mais parce qu'il les englobe.

« L'Europe essaie d'inventer un Moyen Age universel.

« Pourtant les découvertes ne cessent de s'étendre ; les arts sauvages, l'art sumérien, ne sont pas médiévaux ; et la peinture moderne va contraindre l'Europe à entendre leur langage.

« Ce n'est plus un nouveau concept de beauté, qui succède à l'ancien : c'est l'interrogation.

« Et le nouveau domaine de références des artistes occidentaux, qu'ils le sachent ou non, n'est plus ni la Nature ni la volonté d'expression, c'est le Musée Imaginaire de chacun.

« Or, cet Englobant qui a remplacé la nature ou Dieu, naît, pour une part considérable, d'œuvres créées afin de manifester l'inconnu.

« Notre civilisation ventriloque exprime volontiers ce qu'elle apporte, dans le vocabulaire de celles qui l'ont précédée. Ainsi peut-elle ignorer qu'elle a déjà mis en cause ou détruit les quatre notions sur lesquelles se fondaient, au siècle dernier, les théories de l'art, et jusqu'au sentiment général qu'il inspirait.

« Elle n'a pas renoncé au mot *beauté* — qui rend inintelligible notre relation avec l'art.

« Ni aux théories de la *vision* — qui, dans le cubisme ou les arts sacrés, joue pourtant un rôle de troisième ordre. L'impressionnisme avait renforcé ce préjugé. Mais il s'achève par Cézanne, Van Gogh et les Fauves : par le chromatisme, non par la photo. La vision de l'artiste est au service de la création, non l'inverse : la " vision créatrice ", dit Rouault. La vision chinoise n'est pas autre chose que le langage de la peinture chinoise traditionnelle : il y a quelques années, les peintres de Pékin ne voyaient pas chinois, ils voyaient russe. Braque ne voyait pas ses guitares en morceaux, les sculpteurs de Chartres ne voyaient pas leur femme en forme de statue-colonne.

« Ni à la théorie de la *nature*. Le primat de la nature a rendu confuses et vaines les questions que pose la création artistique, et jusqu'à son essence. L'art mène contre le temps, un combat extrêmement trouble; l'Islam ne crevait pas les yeux des portraits pour rien. Mais nature et vision ont fait très bon ménage.

« Ni à l'*expression*. Que l'artiste veuille exprimer, va de soi. Et même s'exprimer, au temps où l'individualisme est roi. Mais l'expression complète d'un peintre imbécile, ne suffit pas à faire un chef-d'œuvre. Attribuer à l'expressionnisme ce qu'on avait appelé déformation, était un bon moyen de ne pas comprendre que la recherche de cette déformation avait été une recherche presque constante de l'art. Le sculpteur du tympan d'Autun voulut vraisemblablement fort peu exprimer sa personne; il voulait révéler son Christ aux chrétiens, parce qu'ils y découvriraient le leur. Pendant quatre ou cinq mille ans, l'expression de l'artiste, celle du sacré, ont été anonymes comme la contemplation. Et exprimer l'invisible, l'âme des choses, autrui ou soi-même, appelle sans nul doute, des arts différents.

« Ni, ce qui est beaucoup plus dangereux, à la *confusion* entre la production artistique et la création. Taine démodé, Hegel tiré en tous sens, Marx a pris la relève. Bien avant la manie des superstructures, ce pêle-mêle a fait poser la subordination de l'art, comme une évidence. On reconnaît la nature de certaines idées à leur succès, et celle des verroteries, à leur éclat.

« D'abord, subordination à l'histoire. Celle-ci a gouverné les musées comme la beauté a gouverné les galeries d'antiques. Rendre l'aventure humaine intelligible, quelle tentation! Reste à savoir si l'aventure de l'art coïncide avec elle. Jusqu'à ce siècle, l'histoire européenne de l'art fut l'histoire de l'art européen; et le Musée Imaginaire a des histoires, il n'a pas d'histoire. Le dialogue du peintre avec les historiens ou les psychiatres est un dialogue de chasseurs comiques, parce qu'ils chassent les " conditionnements " de l'art, alors que le peintre braconne le pouvoir par lequel il leur échappe. Pendant qu'ils construisent les châteaux de cartes de sa servitude, il voit le Musée Guimet et celui du Jeu-de-Paume s'introduire en douce au Louvre... Pour y attendre négligemment la salle des arts sauvages que vous venez de visiter, et qui sera la première salle de musée qui nargue l'histoire.

« Le Musée Imaginaire semble d'abord assez spenglérien. Pas longtemps, parce que pour Spengler toute culture est promise à la mort, alors que pour le musée, tout grand style est promis à la métamorphose. Il rassemble les œuvres des civilisations successives ou différentes, à une époque qui ne regarde plus les styles comme des interprétations de la " nature ", mais comme des significations du monde.

« D'où l'interrogation décisive qu'il pose à la fois sur lui-même et sur l'art. Les formes qu'assemblèrent les civilisations, le *Goudéa* néo-sumérien ou le tympan de Moissac, n'y trouvons-nous qu'un équilibre de volumes? L'ordre qui assemble les couleurs dans la plus grande peinture de notre siècle, est-ce celui du plaisir de l'œil? L'harmonie, la délectation? Sans blague! Pour qui les peintres, de Manet à Braque, ne sont-ils que les auteurs d'heureux rapports de tons, comme les couturiers, de Doucet à Christian Dior? Pour qui Marie Laurencin est-elle l'égale de

Chardin? Le domaine des corrélations de l'œuvre d'art n'est pas celui des corrélations de la vie, et il en est le rival.

« La volonté d'échapper à l'esclavage du réel, manifeste dans toutes les œuvres capitales des arts religieux, l'est moins chez Braque, Picasso, Klee ou Kandinsky; mais c'est parce que leurs tableaux sont libres de ce réel, que leurs couleurs " en un certain ordre assemblées " forment autre chose qu'une harmonie. Il y a un monde de la peinture de Braque autant que de la musique, autant que de la peinture de l'Angelico. Moins le Christ? Le Dieu du Musée Imaginaire, c'est l'Inconnaissable; et d'abord la lutte contre la mort.

« La mort, non le trépas. Il s'agit de l'émotion fondamentale qu'éprouve l'homme devant la vie, à commencer par la sienne, dans les civilisations sans éternité. Et qu'il éprouve, dans les autres, devant l'éternité. " Pourquoi existe-t-il quelque chose plutôt que rien? " sécrète : " Pourquoi la vie a-t-elle pris cette forme? " Quiconque a entrevu les rivages de la mort, a connu au retour la profondeur de ce sentiment. La plupart d'entre nous l'ont éprouvé, sans drame, en face des autres civilisations : il fait de la plus banale, un exotisme. Sans doute est-il inséparable de l'écoulement du temps; à la fois conscience de l'insolite, de la dépendance et de l'éphémère. C'est lui que le christianisme exprime en disant : ici-bas; l'hindouisme, en disant : maya; le bouddhisme, en disant : impermanence. La conscience la plus élémentaire de l'impermanence et de l'illusion est l'invincible conscience de la mort.

« Dès la naissance des civilisations historiques, l'art donne forme à l'invisible. Devant les statues sumériennes que nous venons de regarder, l'idée que les sculpteurs imitaient des dieux, des rois ou des morts, nous a semblé aussi suspecte que dans la salle africaine. La statue n'est pas créée pour imiter le personnage qu'elle figure, mais pour le délivrer du monde des hommes, le faire accéder à un autre. Le plus souvent, celui des dieux. Ce que nous appelons style — hiératique, expressionniste, etc. — est le moyen de cette annexion. On le voit clairement dans l'art byzantin. Les scènes d'ici-bas deviennent sacrées lorsqu'elles sont figurées par un style sacré. Personne n'imagine la Vierge comme une mortelle aux vêtements drapés selon les plis des icônes. Vous, avez-vous jamais traduit une icône en tableau-vivant? L'iconostase, le monde byzantin de l'art, est hétérogène au monde d'ici-bas, comme ses formes hiératiques le sont aux formes vivantes. Le surnaturel en est inséparable. On ne passe pas du fond d'or au crépuscule, mais du fond d'or au monde de Dieu.

« A travers la grotte sacrée d'Asie ou la cathédrale d'Europe, comme à travers l'iconostase, le style fait accéder les figures divines à l'invisible. Des figures de la terre, ces styles ne tirent que la piétaille de leur dieux.

« Jusqu'à la Renaissance, au moins dans la sculpture et dans la fresque.

« Alors se produit un événement sans précédent : les dieux d'une religion morte ressuscitent en tant que statues. La beauté avait été le style du divin grec, donc d'un surnaturel, comme l'hiératisme avait été le style du sacré : tous les nus illustres ont figuré des déesses avant de figurer des femmes. Séparée du divin, elle inspire à l'Italie une technique, l'idéalisation, qui permet d'" embellir " les mortelles — de tout embellir, jusqu'au paysage. L'art va changer de nature. Aphrodite existait à sa manière pour Phidias, Vénus n'existe pas pour Botticelli, ni pour Titien, qui lui soumettra pourtant les rêves de la chrétienté. Depuis la Fable des Florentins jusqu'au romanesque historique élu par Delacroix, l'imaginaire remplacera l'Olympe et le Paradis. On avait figuré les personnages de la Fable selon la Foi, on en viendra à figurer ceux de la Foi selon la Fable. Et l'art exercera, au bénéfice de l'imaginaire, la sorcellerie qu'il avait exercée au bénéfice du Christ, de l'Olympe ou du sacré.

« Entre la mort de Dante et la naissance de Shakespeare, quel est à vos yeux le plus grand poète : Ronsard qui chante Hélène en s'accompagnant de la viole, ou Michel-Ange qui invente le héros, Titien qui ressuscite Aphrodite? Que le génie des Grands Vénitiens ne nous trompe pas : Venise, qui va pourtant donner à la couleur son premier orchestre, est au service du poème, successeur du Paradis, divin des dieux auxquels on ne croit plus.

« Et le restera jusqu'à la fin du romantisme.

« Celui-ci ne mérite nullement, en peinture, la place que nous lui accordons en poésie. Le dialogue emporté que Delacroix établit avec Venise à travers Rubens n'est pas plus chargé d'avenir que le dialogue serein d'Ingres avec Raphaël. Mais le romantisme découvre un monde de l'art inconnu de Venise comme de Raphaël. Pas seulement celui du poème, où Titien était roi : celui où Goya devient le frère de Rembrandt et de Michel-Ange. Monde d'un mystère essentiel, comme celui de la foi, et dans lequel les génies sont des intercesseurs du surhumain. Delacroix, vers 1850, prophétisait en tremblant qu'un jour viendrait peut-être où l'on admirerait ensemble, non Rembrandt et Michel-Ange (c'était fait) mais Rembrandt et Raphaël. Vous admirez fort sereinement Rembrandt et Piero della Francesca. Nous les admirerons avec Takanobu, la sculpture de Sumer et celle de l'Afrique. A cinq cents mètres de nous, dans l'atelier de Picasso, un moulage de *L'Esclave* règne sur la brousse des sculptures à griffes. L'Occident a cru fonder son admiration sur son esthétique, alors que, depuis deux cents ans, son esthétique flottante naît de ses admirations. L'amour n'est pas un palmarès, le Musée Imaginaire non plus.

« Mais avec le romantisme, le monde de l'art tout entier va changer : le saint médiéval est élu par la sculpture comme l'a été Vénus; l'éventail s'étend à toutes les grandes religions, et ressuscitera les formes de la spiritualité jusqu'au Gobi.

« La gloire du mot : beauté, cesse avec Delacroix. Courbet, même Corot, ne diront plus : c'est beau. Ils diront : c'est bien. En même temps que l'Europe découvre sa pluralité du sublime, la première qui ne se limite pas à une querelle d'écoles, elle découvre un réalisme de plus, dont la prédication épaisse trouve de curieuses limites depuis que nous savons que le génie de Courbet n'est réaliste ni pour un Japonais ni pour la photographie; que les peintres de la préhistoire n'ont point imité leur ombre sur un rocher, et que les images des dieux sont fort antérieures aux portraits des hommes.

« Les grands réalismes ne se définissent nullement par le trompe-l'œil. Comparé à Corneille, Molière est certainement réaliste, certainement pas photo-graphe. Tout réalisme devrait, comme le réalisme-socialiste, être accompagné de son adjectif. Car il naît de l'idéalisme, du spiritualisme ou du roman-tisme qui le précède, et qu'il combat. Le réalisme roman, gothique, flamand ou espagnol, est plus apparenté au style de son temps, qu'aux autres réalismes. Celui du *Shigemori* contraignit à fermer la salle où se trouvait le rouleau; celui d'*Olympia,* à convoquer la police. Ce n'est à Sancho que Don Quichotte doit sa vie, c'est à Don Quichotte que Sancho doit son relief.

« " Peindre ce qu'on voit " ne s'applique pas à une peinture bien ancienne, même si l'on va cher-cher dans les primitifs quelques bouts de paysage et quelques portraits de donateurs. Alors qu'autour d'*Olympia,* " carte à jouer " selon Courbet, va se déployer le premier Musée Imaginaire de la pein-ture.

« J'ai montré comment ce tableau, supprimant l'illusionnisme et le poème de la *Vénus d'Urbin* pour rivaliser avec elle, avait isolé le fait pictural : la rela-tion des couleurs qui, dans un tableau, échappe au poème, à la religion ou au sacré qu'elle servit. La découverte de Manet est inépuisable, parce qu'*Olym-pia* n'est évidemment pas que la *Vénus d'Urbin* amputée du poème de Titien. Un peintre peut dégager de n'importe quel chef-d'œuvre le fait pictural qu'il recèle; il ne pourrait toutefois le fixer qu'en inventant une corrélation des formes et des couleurs capables de *remplacer* celle du modèle. Ce qu'a fait Manet : la cohérence d'*Olympia* dans le monde de la peinture, égale celle de la *Vénus d'Urbin,* déesse révoquée de l'imaginaire, dans celui du poème. Semblable aux âmes de la métempsycose, **le fait pictural se manifeste** par des incarnations.

« On trouve dans le musée une assemblée de faits picturaux, mais d'une façon floue, car un peintre incarne un fait pictural en le traduisant dans sa propre langue : le fait pictural que Manet découvre dans Titien ressemble peut-être à celui que Cézanne découvre dans Sebastiano del Piombo, mais Manet ne peut en faire qu'un Manet, Cézanne ne peut en faire qu'un Cézanne. L'importance capitale du Musée, ce par quoi il succède au temple et au palais, c'est d'être le lieu de ce monde pictural : la peinture y devient sa propre valeur suprême. La peinture, non la beauté ou le génie.

« Les peintres découvrent le fait pictural dans toutes les peintures du monde. Ce qui veut dire d'abord dans la peinture européenne de tous les siècles. Car elle est le domaine d'élection de la couleur, et le fait pictural transcende l'histoire : tout peintre le détecte chez Van Eyck comme chez Titien. C'est avec lui, que naît le musée intérieur où les tableaux échappent aux dieux et aux saints qu'ils figurent — et dans une certaine mesure, au temps, car l'œuvre n'appartient qu'à son époque, si tous les décryptages appartiennent à la même, ou n'appartiennent à aucune. Le fait pictural, à travers les époques, trouve une transcendance ironiquement parente de celle de la beauté. C'est avec le premier Musée Imaginaire, et seulement avec lui, que la peinture occidentale cesse de se tenir pour une valeur de civilisation, parce qu'elle ne se réfère plus qu'à elle-même. Elle ignore au nom de quoi. Et lorsqu'elle semble n'être plus qu'un jeu arbitraire de formes et de couleurs, paraît la peinture maudite.

« Les contemporains s'en aperçoivent à peine, parce qu'ils voient en Rembrandt le premier peintre maudit. Le premier ? Il était le seul. Le seul aussi, qui eût tenté de changer la fonction de la peinture ; il n'en attendait pas le même inconnu que ses rivaux hollandais comblés d'honneurs, et il savait leur peinture promise au néant. Il est né avec les bamboches comme le romantisme avec Joseph Prudhomme.

« Lorsque paraît l'art moderne, le musée est dans sa gloire. La survie des chefs-d'œuvre semble beaucoup plus assurée qu'aujourd'hui : avant la découverte de la métamorphose, l'immortalité durait plus longtemps.

Ce qui va opposer fanatiquement, donc religieuse-
ment, les Indépendants aux Officiels, n'est pas un
conflit de représentations, mais de survies : les Officiels croient qu'un peintre continue les grands morts
en leur ressemblant, les Indépendants savent qu'ils ne
les continueront qu'en ne leur ressemblant pas.

« Pour les Officiels, les tableaux sont des spectacles. Ils survivront par la beauté. Toutefois ce mot,
en perdant tout sens précis, a perdu l'immortalité : elle avait accompagné la beauté, comme l'éternité avait accompagné l'hiératisme. La proclamation de Théophile Gautier :

" Tout passe. L'art robuste
Seul a l'éternité;
Le buste
Survit à la cité "

n'aura plus grand sens pour des peintres qui admi-
reront des œuvres méprisées cent cinquante ans plus
tôt, des Vierges romanes qu'on n'avait pas sculptées
pour être des statues; et qui se souviennent que les
bustes romains et les nus grecs ont été oubliés mille
ans sous la terre.

« Pour les Indépendants, la peinture est l'exercice
d'un pouvoir de création, puisqu'ils ne le posséde-
ront qu'en n'imitant pas ce qu'il a créé. Dans leur
civilisation sans immortalité, ce pouvoir est pouvoir

de survie. Ils le rencontrent chaque jour au Louvre. Ils lui sacrifient tout. L'art n'est évidemment pas devenu religion, mais il est devenu foi. Le sacré de la peinture n'est plus un sacré des dieux, c'est un sacré des morts. Cézanne et Van Gogh, croyants, tiennent plus à l'entrée de leurs tableaux au Louvre, qu'à l'ensevelissement de leur corps dans la terre chrétienne. Pour Cézanne comme pour Van Gogh, Degas, Matisse ou Braque, le lieu sacré, c'est le Louvre. Parce que pour chaque peintre, les œuvres qu'il y élit sont *survivantes*. Ses images délivrées du temps étaient souvent nées pour des lieux délivrés du temps : l'église, le temple. A sa manière, le musée aussi est délivré du temps. Si Dieu affirmait à Cézanne que son tableau est mauvais, Cézanne serait désolé, car ses tableaux ne le satisfont guère; mais si Dieu lui disait que sa peinture est mauvaise, le catholique Cézanne le prendrait par la main, et le conduirait au Louvre. Nous aussi.

« Mieux que le Louvre, le Musée Imaginaire nous fait pressentir un temps de l'art, déconcertant depuis qu'il ne se confond plus avec l'immortalité. Car beaucoup des œuvres qu'il rassemble n'ont jamais appartenu seulement au temps fermé, contraignant, que le XIXe siècle eût appelé le temps réel, et que l'art a presque toujours suggéré aux hommes d'appeler le temps de la mort.

« J'ai tenté jadis de suggérer le temps de l'art, en le rapprochant de celui des saints lorsqu'on les prie. Pour le fidèle, le saint appartient au présent, qui lui est donné par sa vie éternelle, et dans lequel a lieu la prière. Il appartient aussi au temps historique par sa biographie : saint François n'a vécu ni au siècle dernier ni à celui des Apôtres. Il appartient enfin au temps chronologique, à la durée des vivants. L'admiration " actualise " l'œuvre comme la prière actualise le saint.

« L'œuvre d'art, qui appartient à son époque, n'appartient pas qu'à elle. Son temps, qui est celui de la métamorphose, nous a rendu intelligible la vie de l'œuvre d'art : c'est lui qui l'a délivrée à la fois du présent, de l'éternité, de l'immortalité. Hors de la religion, le musée est le lieu du seul monde qui échappe à la mort.

« Le pouvoir de l'artiste deviendra toujours plus énigmatique, de moins en moins limité au fait pictural. Le XIXe siècle avait ressuscité des écoles de peinture; le nôtre, ressuscitant les hautes époques, ressuscite des styles de sculpture. Quelques millénaires contre quelques siècles.

« Et l'action de Cézanne ne se limite pas au fait pictural. Depuis les statues romanes jusqu'au Greco, en passant par Piero della Francesca, Cézanne révèle le " style sévère " de l'Occident, et une architecture secrète. Et Picasso, le pouvoir sans nom que définiront nos successeurs comme nous définissons celui de Cézanne et de Manet, et que vous venez de voir à l'affût, prêt à capturer pour le Louvre, les Vénus de la préhistoire et les figures des Nouvelles-Hébrides.

« Si les artistes n'ont pas défini ce pouvoir, ils en ont maintes fois reconnu l'existence. Lorsque j'ai cité à Picasso la phrase de Van Gogh : " Je puis bien, dans la vie et dans la peinture, me passer du Bon Dieu. Mais je ne puis pas, moi, souffrant, me passer de quelque chose qui est plus grand que moi, qui est ma vie... " il en a cité la fin : " ... la puissance de créer. "

« Nous n'en comprenons pas encore le langage, nous en entendons la voix. Ce pouvoir traverse les civilisations avec une force biologique. La mort de celui qui l'exerce n'en détruit pas l'action, et parfois la déclenche. Il oppose à la corrélation des formes vivantes, la corrélation des formes qu'il découvre. Il peut naître du plus troublant imprévisible, de l'illumination du fou, de la naïveté du naïf, de la patience du berger ; nous avons découvert, entre autres choses, les arts aléatoires. Mais il trouve sa permanence plus souvent dans un domaine profond : l'art n'a pas ordonné les formes de la vie selon son bon plaisir, mais selon les styles — selon les valeurs suprêmes des civilisations, au temps où elles les connaissaient. Je retrouve ma phrase de jadis : " Il y eut à Chartres un peuple plus chrétien que celui qui priait dans la nef, et ce fut le peuple des statues... "

« L'art accorde ses éléments comme les éléments de la vie ne le font jamais. Quel visage possède l'unité de la *Jeune fille au turban?* Cette unité, Vermeer la manifeste comme les sculpteurs d'Olympie, comme les sculpteurs néo-sumériens des *Goudéa;* comme d'autres artistes manifestent d'autres éléments de l'essence du monde. Le dialogue de Braque avec Picasso, de Cézanne avec Van Gogh, de Raphaël avec Rembrandt, de l'Acropole avec Chartres, est un très vieux dialogue, bien qu'il s'approfondisse lorsque les sculptures éparses ici dans l'oliveraie et dans les géraniums, nous disent qu'il est aussi celui du *Shigemori* et de Poussin avec les fétiches du sang. La sculpture aztèque, les arts sauvages, ont fait irruption dans notre Musée Imaginaire comme Goya dans celui de Manet, Masaccio dans celui de Cézanne. Il annexe ses nouveaux styles comme nous accueillons les jeunes peintres. Les couleurs à naître seront confrontées au pouvoir qu'expriment en commun les couleurs apparemment inconciliables que nous n'avons pas oubliées. Chacun de nos maîtres a créé ses œuvres en face de toutes celles qu'il avait élues, même lorsqu'il les a créées contre elles. Le dernier lieu du Musée Imaginaire est l'esprit des artistes, et le jury de la survie est l'assemblée des œuvres qu'élit chacun d'eux dans les décombres de la mort.

« Ce musée n'est pas une tradition, mais une aventure. Il ne se réclame d'aucune hiérarchie, surtout pas de celle de l'esprit, car il les englobe toutes. Il ignore le dialogue manichéen que l'Europe pratiqua si longtemps; vous souciez-vous d'élire le musée de Dakar contre celui de l'Acropole, et non de découvrir ce qui les unit dans l'action pénétrante qu'ils exercent tous deux sur vous, et que vous savez plus complexe que l'admiration? La beauté impliquait une esthétique, le Musée Imaginaire appelle une problématique.

« Envahis par l'art des continents comme la chrétienté le fut par l'antique, nous ne voyons pas plus finir le premier cycle de l'histoire planétaire, que nous ne l'avons vu naître : il commence avec les premières colonies, et se termine avec l'indépendance de toutes. Que notre art exprime ou non notre conquête du monde depuis les Grandes Découvertes jusqu'à la fin de l'Empire britannique, le Musée Imaginaire naît avec l'indépendance du Tiers Monde, et le procédé photographique sans lequel il serait né beaucoup plus tard, la détrame, est curieusement contemporain de la libération de l'Inde. Les arts aussi se sont émancipés, et le premier Trésor du Musée Imaginaire sera mondial avant un siècle.

« Car, bien que ce musée soit le plus vaste de tous, il obsède notre mémoire et notre cœur — comme les précédents, par moins de cent chefs-d'œuvre. Même le petit Musée de l'Acropole possède en nous son Trésor, même le Louvre possède en chacun de nous son Salon Carré. Le Musée de l'Homme et le Musée Imaginaire formeront le leur, qui ne leur ressemblera peut-être que dans la faible mesure où *La Nymphe et le Berger* ressemble à l'œuvre de Titien, *Les Trois Croix* à l'œuvre de Rembrandt.

« Les tableaux que nous appelons chefs-d'œuvre sont parfois des achèvements, souvent des œuvres hantées : " Si j'étais croyant, me disait Braque, je penserais, de certains tableaux, qu'ils ont été touchés par la Grâce... " Je n'ai pas connu un seul grand peintre, un seul! qui ne m'ait dit sous une forme ou une autre : " Le plus important, dans ce qu'on fait de meilleur comme dans les chefs-d'œuvre des autres, est inexplicable; mystère ou clarté, c'est pareil. " Cet inexplicable règne sur le Trésor du Musée Imaginaire; sur ce qui fait de l'œuvre capitale, la semblable privilégiée de ses sœurs, mais aussi la sœur d'œuvres dont tout la sépare — sauf leur appartenance commune à un monde encore inconnu... *Les Régentes* n'est pas l'achèvement de Hals, peintre assommant! *La Nymphe et le Berger* n'est pas l'achèvement des

Titien éblouissants et multicolores de 1555. Mais le Trésor unit cette *Nymphe* aux derniers Rembrandt par une fraternité inexplicable et manifeste. Il se forme lui-même. Nous croyons élire les membres du jury de la survie, mais chacun d'entre eux est aussi élu par les autres. L'assemblée appelle tantôt des parents, et tantôt des étrangers parce qu'étrangers. N'est pas Dogon qui veut en face de Phidias, mais n'est pas Phidias qui veut en face des Dogon. Van Gogh appelle Picasso, qui appelle le sculpteur des Cyclades. Comme l'artiste veut continuer ses maîtres, et aussi les détruire. Même si la nature de l'art est indicible, il se peut qu'elle soit transmise par ce Trésor, à la civilisation qui commence avec nous, car l'art recèle quelque chose de plus profond que l'art. Le monde-de-l'art de nos artistes, tel que le suggère le Musée Imaginaire de chacun, succède aux surmondes des grandes religions et de l'Irréel, au moins par l'intemporel auquel il appartient — par ce qui le sépare du temps de l'homme. Dans notre civilisation sans surmonde, il est au moins leur successeur.

« Et lorsque l'énigmatique Intemporel succède à l'opéra de l'Irréel, par les mêmes voies que celui-ci avait succédé aux dieux, le Trésor est le dernier vainqueur du destin : car le sacré, la beauté, le surhumain, l'imaginaire, que crurent servir les artistes, y deviennent les serviteurs morts de leur présence survivante.

« Et le Trésor du Musée Imaginaire est la constellation des formes que nous croyons élire parce qu'elles répondent à l'interrogation fondamentale de notre civilisation — de notre civilisation qui ne parvient ni à chasser l'inconnaissable, ni à l'accueillir. Comme la beauté fut l'astre unique de celles qui répondaient à l'inconnaissable hellénique. »

Le bruit de la pluie d'été est couvert par des chutes de poutres, et très vite, par un fracas de construction. Que peut-on construire à cette heure ?

« Presque toutes les civilisations historiques — et les autres — ont dialogué avec l'inconnaissable. Non par des voies mystérieuses : pour la réflexion sur l'art, la complaisance au mystère ne vaut guère mieux que la complaisance au rationnel. Il ne s'agit pas d'élire l'inconnaissable, mais de le circonscrire. Ce que nous demandons à quelques points-vigies de la connaissance, car si nul n'a l'expérience de la mort, chacun a connaissance de la mort; et le sculpteur hindou qui s'est perdu dans l'Absolu se souvient de son chemin vers lui. L'inconnaissable englobe la mort, le sens et l'origine de la vie, le sacrifice, la cruauté; il mêle ce que l'homme espère savoir, à ce qu'il ne saura jamais. L'étude des sentiments religieux, de l'inconscient, des sentiments magiques, nous a familiarisés avec ses limbes; et les réponses de l'humanité aux questions sans réponses ont presque toutes puisé dans l'art, leur plus puissant langage : l'inconnaissable grec avait appelé le style de la beauté, l'inconnaissable chrétien, le style de la spiritualité chrétienne...

« La civilisation dont celle du xixᵉ siècle devient sous nos yeux l'hésitante et optimiste préface, ne dévalorise pas sa conscience de l'inconnaissable; elle ne la divinise pas non plus. Elle est la première qui le sépare de la religion et de la superstition. Pour l'interroger.

« Et sans cette interrogation, le Musée Imaginaire ne serait pas né.

« La Grèce, la chrétienté romane, avaient répondu par les formes que créaient leurs propres artistes, parce qu'elles avaient répondu par une religion. Mais un art n'exprime jamais que l'inconnaissable de sa propre religion. L'inconnaissable, comme le sacré, prend forme par ce qui le suggère. Celui-ci gouvernait les arts à Sumer, en Égypte, à Byzance; mais les œuvres expriment le sacré sumérien, égyptien, byzantin, non le sacré tout court, parce que les arts naissent des sentiments et non des concepts. Notre art ne peut exprimer le sacré de notre religion, puisque notre temps n'est pas gouverné par une religion; et quel art pourrait exprimer l'inconnaissable en soi? Ayant découvert sa pluralité, nous ne l'approchons qu'à travers la pluralité de ses formes.

« En un temps où l'individualisme nous fait héritiers du pluralisme de la liberté, Manet, Renoir, Cézanne, Van Gogh, Seurat auraient pu déjeuner ensemble; Matisse et Kandinsky, Rouault et Mondrian, Picasso et Modigliani, Soutine et Klee, Braque et Chagall, qu'ont en commun les convives de ce banquet multicolore? Le domaine des formes rebelles à celles de l'apparence. Monet croyait encore capturer des paysages plus ressemblants que ceux de Corot; il n'y a plus de paysages.

« Les formes de notre art sont devenues aussi arbitraires que celles du sacré avec lesquelles vous les avez entendues dialoguer tout cet après-midi. Comme elles, hétérogènes à l'apparence. Comme elles, formes de ce qu'on ne peut pas voir. Au nom de quel sacré?

« Le temps de l'art ne coïncide pas avec celui des vivants.

« Les grands artistes ne sont pas tout à fait des morts, leurs images non plus. Ces interlocuteurs des hommes disparus le seront aussi des hommes à naître; Rembrandt, Baudelaire, ont manifestement concouru à créer leur peuple futur.

« L'espace de la peinture n'est pas celui de la vie.

« Les corrélations de la création artistique ne sont pas celles de la Création.

« Les œuvres d'art sont objets de métamorphose — comme les dieux.

« La vie humaine est ordonnée par la plus profonde conscience de la dépendance qui nous soumet au dieu sans temples de la Grèce, au dieu que toutes les civilisations historiques ont appelé destin — le contraire de la liberté, pour l'individu, pour l'humanité, pour le monde.

« Par l'acte créateur, l'artiste invente une autre corrélation fondamentale. C'est pourquoi j'ai écrit il y a vingt-cinq ans, que nous éprouvions l'art comme un anti-destin. Il le restera tant que durera cette civilisation, qu'il soit celui de nos contemporains ou qu'il soit *notre* art des morts. Comme les dés de fer sur les genoux des dieux japonais, le passé attend sur les genoux de l'avenir.

« Ensuite... Le Musée Imaginaire non plus n'est pas éternel. »

Le tapage des machines m'oblige à élever la voix.

« Je pense à la nuit où Michel-Ange allumait chandelle après chandelle pour contempler inépuisablement la résurrection du *Torse* du Vatican, dans le tumulte des marteaux qui construisaient Saint-Pierre et emplissaient la nuit... Sut-il que dans un temps plus même chrétien, qui n'aurait conservé du sien que le vacarme éternel, des hommes se souviendraient de la nuit romaine où les chandelles projetaient, sur ce qu'on appelait alors la beauté, l'ombre de Michel-Ange... »

Le fracas cesse de façon soudaine, comme il avait commencé.

« On dirait que l'ombre sur le *Torse* s'étend vers les collines pacifiées. Écoutez le petit chant des grenouilles... Cet après-midi, nous avons vraiment senti palpiter le fleuve sans âge : peut-être lorsque le Musée Imaginaire aura été jeté au charnier des grands rêves, quelqu'un se souviendra-t-il de ces heures où nous entendions la création humaine jusqu'au fond des siècles, comme ces grenouilles jusqu'au fond de la nuit... Je pense à un bois des Vosges que nous venions de reprendre. Au-dessus de mes camarades tués, des oiseaux recommençaient à chanter de cette même petite voix, et le silence disait de sa voix obsédante : " Ils chantaient sur les corps des soldats de l'an II... " »

Le brouhaha des conversations va reprendre. Demain, Vauvenargues : Jacqueline vient me chercher. Tout au long du discours, surtout lorsque je parlais du pouvoir créateur, je pensais : " Il y a eu un Petit Bonhomme des Cyclades... "

VIII

A droite et à gauche, les pans verticaux des montagnes de Provence. Les nuages bas cachent la Sainte-Victoire de Cézanne. Dans la vallée, au-dessous de moi, le château cubique et ses quatre tourelles plates aux pointes rognées. Vertical, séparé de tout par son piédestal rocheux, c'est un tombeau.

L'idée vint-elle de lui? De Jacqueline, plutôt. A Kahnweiler qui lui disait : « C'est très grand... », Picasso avait répondu prophétiquement : « Je compte bien l'emplir! » Il voulait dire : de peintures. Celles de Mougins l'empliraient.

C'est un peu le mausolée du Cid, mais il serait alors plus altier, ressemblerait davantage aux tours du Palais des Papes; un peu celui de Don Quichotte. Les Français tiennent trop pour un fol, cet aîné du Fou de Lear, égal à son roi, égal à son frère Hamlet. Pendant la guerre civile, mes amis d'Espagne le citaient comme Karl Marx; c'est devant la *Sagrada Familia* de

Barcelone (la seule église diabolique du monde) tordue par les flammes, qu'une infirmière m'a dit timidement : « Le tombeau de Don Quichotte... »

Pour moi aussi, Don Quichotte est un personnage d'enchantements et de sortilèges; sur la glaise crevassée des plateaux de Castille, j'ai vu le coucher du soleil étendre l'ombre de ses moulins comme il avait allongé devant l'armée d'Alexandre, sur le désert de Perse et ses grillons énormes, les ombres du bûcher qui brûlait Bucéphale.

J'ai vu la tombe de Cervantes, dans l'église d'Alcala, pendant l'hiver de 1936. On réparait nos avions, et j'errais sur la grand'place que balayaient les ramages glacés de la poussière espagnole. J'entrai dans l'église incendiée. Le crucifix intact était relié à la pierre tombale par une grande flèche au charbon, que les anarchistes avaient ornée d'une inscription à l'adresse du Christ : « Tu as de la chance. Il t'a sauvé. »

La route permet d'atteindre le château de Vauvenargues. On y entrait par un perron abrupt au-dessus duquel l'édifice se lève sans doute lentement et solennellement, et qui s'achève par des ferronneries d'Escurial, à l'entrée de la terrasse où est enseveli Picasso. Sur le gazon, le bronze noir de la *Figure au vase,* génie gardien, étend sur les nuages de la fin de la matinée, son geste d'offrande parallèle à la terre.

Des volutes de pierre espagnoles ou mexicaines, une entrée médiévale, la cage d'un escalier confus, une salle des gardes dont on ne distingue que les galets du dallage, étroits et serrés; tout au fond, une cheminée monumentale très basse. Dans le prolongement de l'entrée, un énorme chaudron de cuivre rouge où flamboient des glaïeuls : la vie d'un brasier, au centre des murs plats qui montent vers l'ombre. Plus loin, quelques vraies flammes dans la cheminée au-dessus des bûches rouges, glaïeuls allumés. Des deux côtés, des lévriers de plomb, trouvés chez quelque antiquaire, grandeur nature, assis.

« Ça vous paraît bien? demande Jacqueline.

— Extraordinaire... »

C'est bien l'amour qui a inventé ce tombeau, mais les dieux de l'ombre l'ont aidé. Il y avait dans tous les ateliers de Picasso, même à Mougins, le diablotin farfelu qui a fait dire à Rafael Alberti et aux poètes amis, devant les Tarots, qu'il venait de conquérir le Palais des Papes à la tête de ses Mousquetaires, de ses Masques et de ses Toreros. Ici, le pittoresque s'efface devant l'interrogation qui brûla sa vie, non sans l'éclat des flammes. Je pense à la chambre funéraire de la Grande Pyramide, à la lueur qui montait du bureau souterrain de Hitler avec le chant désolé des camionneurs noirs, quand nous avons pris Nüremberg. Livré aux tableaux, Vauvenargues sera sans doute le plus noble mausolée de peintre. Mais rien n'y maintiendra ces fleurs comme une flamme funèbre devant la porte ouverte où la *Figure au vase* tend son offrande à un ciel traversé de nuages bas. Seuls veillent les lévriers symétriques.

Dans la salle à manger, près de la cheminée aussi, la queue en l'air, un chat en bronze doré de Picasso, frère de celui de Mougins. Le buffet du célèbre *Buffet de Vauvenargues,* une photo de Picasso grandeur nature, surprenante : ses yeux jouaient un tel rôle dans son visage, que lorsqu'ils sont baissés, presque fermés, sa face ne lui ressemble plus. Des fauteuils à haut dossier, où sont peints, au trait, des chèvre-pieds.

« Ils auraient dû être tendus de velours, dit-elle. Mais il n'y avait que la toile. Alors, Pablo les a peints. »

Sur la cheminée, près de la photo, une sorte de petite serviette de papier, découpée mais pliée. Elle la pince entre deux doigts de chaque main, et déploie avec son triste sourire dont le bonheur passé traverse cette fois la brume, une guirlande de petites figures dansantes qui se tiennent par la main, et ressemblent aux chèvre-pieds.

A droite, le tableau des toits de Barcelone que j'ai vu à Mougins. Le mur de la salle de bains est peint à fresque : sous-bois et un nouveau chèvre-pied farceur.

« Il vous a fait cadeau d'une forêt ? dis-je.

— Oh non! je ne lui demandais jamais rien. Quand il a vu le ciment frais, il a eu envie de peindre dessus, il a fait le faune dans le bois. Alors, naturellement, j'ai acheté des meubles de jardin... »

Un banc, en effet, porte la marque des bancs de square : *Allez Frères*. La vie...

Une pièce vide.

« Nous avons vécu ici, dit-elle, mais nous ne nous y sommes jamais tout à fait installés...

— Vous êtes-vous jamais installés quelque part? Si j'en juge par Mougins, c'étaient les troupeaux de tableaux, qui s'installaient. Et se reproduisaient en toute hâte. Vous deux, vous gardiez les moutons... »

Nous revenons du côté de la mort. Dans l'encadrement de la porte, dehors, la *Figure au vase*.

En opposition à la statue dont le geste unit la tombe au paysage amer, j'aimerais la tête du cheval d'Apocalypse que *Guernica* dresse sur le charnier comme celle des chevaux des rêves.

« Malheureusement, répond-elle, on ne peut pas. Mais quand la République espagnole sera revenue, nous irons ensemble le porter à Madrid, comme il l'a promis. Avec Miguel. Vous voulez venir avec nous? »

Je retrouve son pauvre sourire de Mougins; il me semble pourtant qu'elle souffre moins, parce que ce tombeau emplit sa vie.

Guernica, arme et blason, eût semblé pendu par lui au-dessus de l'âtre de la salle des Gardes, comme ces épées noires que des Espagnols amputés et noirs aussi, pendaient sur la chaux après Lépante, dans leurs châteaux déserts peuplés de cheminées. Bientôt Jacqueline emplira Vauvenargues de ses tableaux. « Ils ne sont plus faits pour les salons des gens », disait-il.

Aucun grand artiste n'est veillé par son œuvre. On a transformé en musée une maison de Michel-Ange, la maison de Rembrandt, celle du Greco. Il y manque la mort. Que serait le tombeau du Colleone, même sous sa statue, en face du tombeau de Rembrandt veillé par *Bethsabée,* de Titien veillé par sa dernière *Pietà!* On rêve de Piero della Francesca dans l'église d'Arezzo, de Giotto dans celle d'Assise ; leur génie y demeurerait au service de Dieu. Le plus saisissant tombeau du monde n'a jamais été construit. Lorsque Shah-Djehan vit le Taj blanc où allait reposer la reine, il décida de faire ériger pour lui-même un Taj de marbre noir, que les arches blanches et noires les plus grandes du monde relieraient au premier par-dessus la Djumna. Shah-Djehan est mort dans la citadelle d'Agra, prisonnier de son fils Aurengzeb. Par sa fenêtre de marbre, on voit encore le Taj, l'immense rivière, et le désert du mausolée-fantôme. Picasso disait que ses tableaux n'étaient plus faits pour les salons. Pour le musée? Il le tolérait, entendait n'en être pas écarté. Pour son atelier, peut-être? tous ses ateliers ont regorgé de tableaux et de sculptures... Pour le palais pontifical d'Avignon, occupé par ses toiles en attendant le Diable? Le lieu élu qu'appelait sa peinture, il le cherchait, mais la mort est patiente : c'est ce tombeau. Bien entendu, ce qui fait de l'idée de Jacqueline une découverte, c'est la nature du génie de Picasso. La tombe de Corot dans un petit château d'Ile-de-France où l'ombre de Gérard de Nerval veillerait sur la *Rose dans un verre* et la *Femme à la perle,* ressemblerait à son art; on regrette que l'Angelico ne soit pas enterré à San Marco de Florence; qu'il n'existe pas un cercueil de Michel-Ange, sous une *Nuit* presque retournée à la pierre, dans l'une de ses vignes aujourd'hui sauvages. Mais le tombeau imaginaire de Goya! La bousculade hantée des *Peintures noires* gardée par le spectre *Saturne,* dans l'abandon d'un château sans meubles, au fond de la sierra d'Aragon sans herbes... A un tel art, rien ne s'accorde autant que le tombeau. Monument, solitude, cercueil et révolte. La Mort honore mieux que le musée.

Par cet affrontement de la mort et du génie, les tableaux de Jacqueline vont opposer à la tombe, un autre lieu hanté. *Guernica* excepté, qu'attendre ici? Sur ces vastes murs funèbres, les toiles qui se pressent aux portes de la mort sont plus présentes que celles qui viendront. Puissent celles-ci ne pas connaître l'ordre chronologique de la vie, retrouver l'envoûtement de Mougins, depuis les études pour *Les Demoiselles d'Avignon* jusqu'aux Tarots les plus déchirés, depuis la *Femme au feuillage* qui ensorcelle ses branches et ses boîtes, jusqu'au totem diabolique de Notre-Dame-de-Vie...

« On ne sait jamais comment ça vit ni comment ça meurt, les tableaux... »

Du moins pressent-on comment ils vivront ici : de l'inexplicable vie des œuvres d'art dans le temps. Ils n'entreront pas " dans l'immortalité ". Ils n'apporteront pas une présence de Picasso, comme le film que Clouzot lui a consacré (et pourtant, la voix...). Ils apporteront d'abord la vie de la peinture, celle qui modifie les tableaux qu'on n'a pas vus depuis longtemps, et qui reviennent, disait-il, dans des robes dorées. « Les oranges changeaient tout le temps », m'a confié Jacqueline, de la grande nature morte de Matisse. Changement bien connu lorsque les œuvres sont liées au surnaturel, comme si les sculptures étaient des esprits. Les yeux baissés de la reine khmère, ceux mi-clos du *Roi* de Beauvais, les yeux d'hypnose de la *Chanteuse* sumérienne et ses formes de Vénus préhistorique, la géométrie envoûtée du masque dogon, varient selon l'heure et le mois, comme si leur part d'indicible les éclairait d'une lumière aussi changeante que celle du jour. Les toiles les moins hantées varient tout autant. Chagall parle de la « chimie de la couleur » comme d'un pelage. Jacqueline murmurait en assemblant des Tarots à Mougins : « Quelquefois, avec Pablo, nous nous faisions des murs... » Chaque tableau fait lui-même son mur. J'ai vu Braque hausser les épaules en disant : « La seule chose essentielle dans un tableau, personne ne peut l'expliquer, pas même le peintre... Peut-être que ça tient à l'ensemble... Voyez la façon dont les bons tableaux prennent de la poésie : comme les bronzes prennent de la patine... On prétend que nous avons découvert la poésie des guitares et des paquets de tabac; c'est idiot pour Picasso, pour Gris, pour moi. Les paquets de tabac ont pris de la poésie tout seuls. Vermeer a peint des guitares avant nous. Les objets de Vermeer, de Chardin, ne sont pas poétiques, l'atmosphère de leurs tableaux non plus! c'est leur peinture, qui le devient. » Et Picasso, et tous les peintres : « Il y a des tableaux qu'on laisse pour les reprendre plus tard, et qui se finissent eux-mêmes. »

Tout langage des couleurs étranger au réel finit par s'appeler poésie. Depuis des siècles, la conscience diffuse d'un caractère magique de l'art (celui qui fait tirer les fous sur *La Joconde,* crever les yeux des fresques, représenter les morts, etc.) applique le mot vie, aux spectacles figurés. Le public parlait de peinture en termes de trompe-l'œil, auxquels il ajoutait, devant les portraits : Il va parler. Chacun sait aujourd'hui que la vie d'un chef-d'œuvre n'est pas celle de ses personnages, mais j'ai toujours entendu les peintres parler des tableaux comme d'objets ensorcelés. « On croit qu'on fait une idole, on fait une sculpture, grommelait Picasso. N'importe comment, une vraie image est une image capable de courir l'aventure, non? Le départ du bateau, c'est la mort du peintre. »

Il la tenait pour la première métamorphose; et la plus confuse, car nous ne passons qu'insensiblement, des œuvres des vivants à celles des morts. Hier, à la Fondation, le Douanier Rousseau, Braque, Picasso et Balthus appartenaient presque au même art. Les tableaux forment un seul empire, mais beaucoup de petits royaumes, et la vie s'unit à la survie sans se confondre avec elle. À Saint-Paul, la mort récente de Picasso nourrissait cette confusion; le *Faucheur,* le dessin pour la *Femme qui pleure* possédaient cependant, comme les statues sumériennes, une vie aussi manifeste que celle d'une plante. Plus difficile à définir, parce que cette vie ne suit pas la grande courbe biologique, n'est pas orientée de la naissance à la mort : la plante mourra, alors que nous regardons précisément le tableau survivant, et parce qu'il survit. Il n'y a que les œuvres mortes qui ne changent pas. A tel point que nous nous demandons si la véritable œuvre d'art est séparable de ce qui la fait changer : pulsation ou chimie de la couleur, changement du paquet de tabac en poème, métamorphose des dieux en statues. Les œuvres qui meurent ne perdent pas leurs feuilles, elles perdent leur phosphorescence.

Nous relions les vivants aux morts par de petits purgatoires, nommés musées d'art moderne. Mais les artistes ne parlent d'art qu'en termes de vie, et la vie des œuvres est devenue leur énigme majeure. Un jour, aux Grands-Augustins, Brassaï dit : « Nous savons maintenant que des pilotes portugais, Pinzon par exemple, avaient atteint l'Amérique, sans doute au Brésil. Avant Colomb. N'oublions pas qu'il est mort en affirmant que ce continent n'existait pas, et que ses bateaux avaient atteint les Indes par l'Ouest. Pourquoi, malgré le nom d'Americ Vespuce, est-il encore l'Ancêtre ? » Je rappelai qu'après les premiers sauvages, les autres navigateurs n'avaient découvert que d'autres sauvages, alors qu'après les sauvages de Colomb, Cortez avait découvert l'empire, et l'or. Picasso me saisit le bras, ce qu'il ne faisait jamais : « Comme en peinture! dit-il. Au lieu de l'or, ils auraient pu découvrir la peste, non? Ou ne pas revenir? Un peintre, il fait un tableau. Il est assez content. Ou pas. Mais on le refait! On le refait beaucoup!

Tout de même, on ne peut pas tuer ses successeurs... »

Il ne craignait pas la postérité, mais il rêvait aux Cortez futurs. Son génie de sourcier savait que certaines pulsations de l'histoire, et les révolutions de la sensibilité, ne métamorphosent pas moins un grand artiste, que ne font ses successeurs. S'il avait pris tant d'intérêt à voir Cortez transfigurer Colomb, c'est que Roosevelt transfigurait Cortez...

Les glaïeuls rougeoient dans l'ombre, semblables aux glaïeuls jaunes que l'Asie posait devant les dieux des musées. Au temps du grand sommeil, depuis Pékin jusqu'à Constantinople, d'admirables petits morceaux de faïence et de mosaïque tombaient à petit bruit dans le silence. J'ai entendu les fragments des tuiles mandarine de la Cité Impériale quand les renards débouchaient dans les asters violets au pied des murailles ; les fragments turquoise de l'École coranique d'Ispahan où les roses redevenaient sauvages derrière les portes d'argent ; les fragments de porcelaine des temples siamois que l'on appelait encore pagodes. Leurs tours plus hautes que celles de Notre-Dame étincelaient de verroteries et d'assiettes brisées, celles dont la Compagnie des Indes avaient jadis comblé le Siam. Le vent du matin faisait bruire doucement les clochettes, et tomber, sur les pages de mon livre, des fragments de Chinoise et de Hollandais peints en bleu... Pour les grandes cérémonies, des milliers de femmes agenouillées qui tenaient entre leurs mains aux doigts allongés, les glaïeuls jaunes comme la robe des bonzes, inclinaient d'un geste leurs champs de fleurs où des ramages couraient comme ceux du vent. C'est au musée de Bangkok, que j'ai vu pour la première fois les bonzes offrir des colliers de tubéreuses aux Bouddhas des anciens rois. (Où ai-je revu ces colliers, il y a quelques mois? Au cou des grands blessés du Bangla Desh...) Le gardien approuvait.

Si des Dominicaines en robe apportaient des lis aux Vierges gothiques du Louvre? Si nos musées accueillaient les offrandes, si les dieux et les tombeaux accueillaient encore leurs fidèles... Égypte, Mésopotamie, Palmyre, Grèce, un peu de Rome, pas trop; et notre Moyen Age, puis toutes les Vénus de la Renaissance, et la Fable; et l'imaginaire qui attend ses fleurs, comme le tableau de Giorgione à Boston toujours honoré d'un magnolia. Offrandes à la métamorphose... Toutes nos résurrections recevraient des fleurs, qui remplaceraient auprès d'elles le temple, la cathédrale ou le palais perdu; les anémones, canas, cinéraires et valérianes des jardins de la Fondation n'y auraient pas suffi. Surprenante époque, qui demande ses statues, aux anciens arts fonctionnels de l'âme... Aucune postérité − loterie, destin ou métamorphose — ne rend compte de la vie posthume des œuvres, qui transformera les Tarots de Picasso en tableaux dont nous ne savons rien, par un pouvoir sans recours. « Les idoles qu'on ne connaît pas, ça peut toujours faire des sculptures, rappelait-il; celles qu'on connaît aussi, mais moins... » Depuis long-temps Aphrodite est statue! mais déjà Vénus n'était plus Aphrodite qu'à demi; c'est seulement par notre civilisation, son goût du mystère et sa rage du passé, que le passé de l'art regorge d'idoles désaffectées. Si bien passées de l'autre-monde des dieux ou des morts, dans celui de l'art! Hier, à la Fondation, j'ima-ginais, autour des sculptures, l'enchevêtrement des cathédrales, des temples de l'Inde, des grottes (autour des fétiches, des clairières) pour lesquels on les sculpta. J'ai pensé aux temples hindous de la secte de Narayan. La profusion de la sculpture avait insensiblement uni les fidèles, aux dieux luxuriants comme leurs colliers de tubéreuses; Narayan avait remplacé ces dieux par des miroirs, et dans la demi-obscurité des vestibules sans fin, les cadres de lourds madrépores dont l'art avait couvert les murs, guidaient les fidèles vers leur propre image qu'ils divinisaient. Les dieux chassés sont au musée; pourquoi pas, demain, les miroirs? Pourquoi Picasso n'aurait-il pas joué avec les mor-ceaux d'un des miroirs qui ont inséré les hommes dans le monde sans mort?

Ces miroirs en appellent un autre; au Musée National de Mexico, visité avec le dernier ambassadeur de la République espagnole, j'avais retrouvé le crâne précolombien d'obsidienne, que la Fondation attend. Objet illustre, il est présenté seul dans une vitrine, devant une glace qui unit à lui les visiteurs, comme les miroirs encastrés à la place des dieux unissent les fidèles au sacré. Il reflète aussi la verrière géante à travers laquelle les arbres entrent dans les salles — les grands arbres héritiers de ceux qui ont bordé les canaux de la capitale aztèque où les Espagnols trouvèrent « tant de fleurs magnifiques, et des nains tristes ». Dans ce musée cyclopéen, l'un des plus modernes du monde, les Indiens apportent leurs fleurs aux idoles qui ne sont pas encore tout à fait des statues.

Ce crâne figure la Mort, mais comprenons-nous jamais les idoles disparues? Pourtant, il transcende les civilisations mieux que les idoles mexicaines qui l'environnent; comme la faim, que la métempsycose ne détruit pas, transcende les sentiments passagers. Non parce que l'obsidienne représente un crâne, mais parce que son quartz noir le représente selon un style. Malgré la pérennité des archétypes, ce style en fait le signe d'un dialogue de l'homme avec l'autre monde. Un signe, et aussi un symbole au sens ancien, le symbole qui exprime ce qui ne peut être exprimé que par lui. « Le secret des choses, qui n'est pas dans leur apparence... », dit Aristote.

Les nuages qui traversaient le miroir s'immobilisèrent; l'obsidienne luisait sur leur fond plombé. Un bruit de papier vint du dehors, emporté par le ruissellement de la pluie sur l'immense verrière. Chassés du jardin par l'orage, des Indiens entrèrent; leur nonchalante procession traversa le miroir. Les Indiens qui mourraient passaient devant le signe sacré des Indiens morts; passaient avec la pluie indifférente aux symboles funèbres, qui tombait jadis sur les dinosaures.

Ses reflets rencontraient ceux des hommes sur le crâne poli. Le miroir disait que depuis les combattants aux casques en forme de tête d'aigle, le ciel étoilé étend sa lueur « sur les guerriers morts et sur les vainqueurs endormis »; et aussi, qu'un destin non moins persévérant avait fait de l'idole aztèque, pour les Espagnols, d'abord un démon, puis l'imitation d'un crâne, un chef-d'œuvre enfin. Aux momies royales voisines, aux nuages chassés par le vent qui dérivaient dans le miroir, le crâne d'obsidienne imposait sa métamorphose. La métamorphose joue avec les images des dieux plus volontiers qu'avec celle de la mort. Toute vie créée par les dieux est promise au néant; celles qui ont triomphé de lui : formes, idées et dieux, ont été créées par les hommes. Le mot art prenait un étrange accent, dans ce temple de la métamorphose né avec notre civilisation, et sans doute promis à disparaître avec elle...

Picasso fut habité par la métamorphose plus profondément que par la mort. Il lui semblait lié comme les féticheurs le sont au peuple d'outre-tombe. Il éprouvait contagieusement (je n'ai pas oublié l'atelier des Grands-Augustins) celle qui lui apportait l'idole-violon et la *Vénus* de Lespugue, mais aussi celle qui lui apportait la *Tête de taureau* qu'il souhaitait voir redevenir selle et guidon. « Ce que j'ai fait, le guidon-selle, tout ça, ça ne suffit pas : il faudrait trouver une branche, et qu'elle devienne un oiseau. » Celle qui lui faisait dire qu'aux expositions, ses toiles oubliées lui revenaient en robe de luxe; et que lorsqu'une forme était créée, « elle était là pour vivre sa vie ». Sa propre métamorphose, qui abandonnait ses manières successives, et à laquelle il jetait ses créations comme les autres confient les leurs au temps; celle qui lui imposa les Confrontations, et le peuple des Tarots comme des papillons au long des quatre cents mètres de ses deux Jugements derniers — dans le Palais des Papes où les vociférations crétoises montaient comme les hurlements de Pasiphaé pour le trépas du Minotaure. Et celle qui l'attendait ici.

« Il y a eu un Petit Bonhomme des Cyclades... »

Son atelier de Paris, un jour avec *Guernica,* un soir sans *Guernica;* le cagibi encombré de statuettes sous de minces os de chauve-souris, le court personnage à la tête ronde, aux yeux illuminés de noirceur sous son chapeau pointu; vêtu de la gabardine avec laquelle un acteur américain interprétait la Mort cette année-là. Il manipulait une idole-violon en parlant du Juif errant, du pouvoir créateur, et du Petit Bonhomme né aux Cyclades il y a trois ou quatre mille ans, dont la réincarnation traversait les siècles jusqu'à Van Gogh, comme la file invincible de l'amour maternel — — du Petit Bonhomme qui savait que les images des dieux sont toujours trouvées par des sculpteurs inconnus. « Je fais mes plans avec les songes de mes soldats endormis », disait Napoléon... Entre les statuettes taillées au canif, la *Vénus* de Lespugue et les tableaux enragés, la rue des Grands-Augustins pénétrait par quelques courts abois. Il demandait avec l'air étonné des chatons : « C'est peut-être moi, comment savoir? Il aime la corrida, forcément... Et les gens se souviennent de lui, forcément... »

C'était à Paris, chez les vivants. Ici, le Petit Bonhomme a encore quelque chose à dire. On reprochait à Picasso, de tenter seulement de renouveler son art, alors que ses prédécesseurs, même Van Gogh, avaient voulu approfondir le leur. Comme la statue noire sur le cercueil, ce château dressé contre la mort répond qu'un peintre peut changer de costumes, mais qu'un mort ne choisit pas entre ses déguisements : il ressemble à sa peau. Les Tarots sont loin des premières toiles " nègres ", mais dans le même sens, qui le sépare de tous. « Le style, m'a-t-il dit, c'est quand on est mort : voyez les Gisants! » Quoi de commun entre la peinture de ses plus grands rivaux — l'une des époques majeures de la peinture, dans le pays des premiers peintres de son temps — et ses sculptures de prophète prisonnier, ou la fureur ligotée de ses Tarots? L'acharnement. A partir des *Demoiselles d'Avignon,* la constance de son art vagabond, c'est l'approfondissement de sa révolte.

Jacqueline n'aurait-elle fait qu'en donner conscience aux peintres qui viendront ici, elle n'aurait pas perdu sa peine. Dans sa révolte, Van Gogh cherche sa communion; Rembrandt aussi. A travers le chaos des siècles, je suppose que Picasso a trouvé un seul précurseur : son maître Goya. Les *Disparates* s'enfoncent dans l'irrémédiable plus profondément que les *Caprices,* le dernier *Colosse* de brouillard rêve parmi les astres, comme un nuage atomique, au-dessus des petits bras affolés de la débâcle. A quatre-vingts ans, les doigts du peintre tremblent en dessinant ses derniers supplices. Pourtant son art ignore la vieillesse autant que celui de Picasso. Mais ses derniers chefs-d'œuvre continuent ceux d'autrefois. Même les *Peintures noires,* clandestines et montrées à ses seuls amis, sont loin de rompre avec les *Fusillades* comme les Tarots d'Avignon avec *Guernica.* Autour de Goya enfermé dans la solitude et de Picasso incarcéré dans la gloire, je me souviens de Menuhin, comme je me suis souvenu de lui à Notre-Dame-de-Vie : « Il y a aussi la louange... »

« Je ne vais pas supporter qu'on me prenne pour Bonnard, tout de même! Ni maintenant ni plus tard! » Bonnard symbolisait pour Picasso, une sérénité coupable qu'il ne trouvait ni chez Matisse ni chez Braque. Et un accord avec les tableaux, que son ambivalence enviait et réprouvait. Jamais un peintre n'aura éprouvé à tel point ce sentiment sans remède; la peinture ne cessa d'être à la fois le domaine de son esclavage et le moyen de sa liberté. Il entendait que sa révolte fût incurable; elle l'était. En raison de cette ambivalence, de son agressivité, de son hostilité fondamentale à tout cosmos. L'anti-Takanobu. Il m'avait dit qu'il n'avait pas besoin de style, parce que sa rage deviendrait un élément capital de celui de notre époque. Il affirmait que la sculpture nègre avait conservé son virus; et Vauvenargues ne pourra demeurer qu'un défi. « Lautréamont finit en éditions de luxe, et les Danses macabres, au musée », avait-il ajouté. Si amèrement, que je ne lui avais pas répondu :

« Goya aussi. Mais c'est là que Picasso l'a trouvé. »

Il était trop conscient de jouer son destin sur l'approfondissement de sa révolte, pour ne pas craindre d'être " récupéré " par la métamorphose. Elle l'a obsédé à maintes reprises, et ne fut pas étrangère aux Tarots. Sa menace était la plus subtile incarnation de ce qu'il avait combattu. Elle n'est claire qu'en termes marxistes, mais en ces termes, l'angoisse de Picasso n'avait pas d'objet : Goya n'entre pas au Prado pour l'aristocratie espagnole mais pour le jeune Picasso, pour les soldats de la République agglutinés autour des *Fusillades.* Toutefois, la révolte devenue lancinante devient sentiment : refus fondamental de l'univers — c'est-à-dire de la condition humaine. Adversaire du pouvoir, mais aussi, qu'elle le sache ou non, de tout pouvoir. La révolte, non une révolution. En termes religieux, c'est la découverte d'un Dieu usurpateur; en autres termes, le « Non » d'Antigone jeté à la vie même, avec sa résonance héroïque. L'usurpatrice est alors l'adhésion au monde; usurpatrice victorieuse d'une révolte insaisissable, valeur suprême de l'artiste ou du suicidé. Mais, pendant que Rimbaud écrit la *Saison en enfer,* pendant que Goya peint *Saturne,* il existe un monde où la dérision n'est pas seulement dérisoire, et qui existerait même si Rimbaud brûlait son manuscrit, si Goya brûlait sa peinture. La dérision universelle est un sentiment de sujétion, et la plus profonde sujétion est mise en cause par la création même. Ni le sculpteur aztèque ni Picasso ne sculptent un crâne pour se soumettre à la mort. Que veut dire : récupérer *Saturne?* En faire un tableau? Il l'est. N'en faire qu'un tableau? On n'y a pas très bien réussi... Le musée peut sans doute récupérer *Massacres en Corée,* non le totem de la *Femme à la poussette,* non les plus déchirés des Tarots, ni même *Guernica,* cri de l'Espagne dans les siècles. Et pourquoi le Musée Imaginaire tenterait-il cette récupération? S'il est notre réponse à l'inconnaissable, c'est parce qu'il accueille ceux que la Grèce appelait « les dieux qu'on adore la nuit ».

La musique ignore l'accusation directe qu'expriment les suppliciés de Goya, le tronçon de prisonnier sur sa branche, le vainqueur abruti qui fume sa pipe devant les pendus de 1813 comme mon chef de la douane soignait ses oiseaux devant la cohue des réfugiés de 1938; et, entre toutes les sculptures, le *Dévot Christ* de Perpignan. Ces œuvres se sont glissées dans un musée qui se réclamait, de plus en plus faiblement, de la beauté. Ni le terrible crucifié, ni Goya, ni le Çiva des *Danses de mort,* n'ont été conquis par les figures sereines, ni même par les figures de communion. Nul Angelico, nul Giotto, ne les ont chassés du Musée Imaginaire. La plus âpre révolte s'éloigne de sa révolte, mais le plus radieux accord s'éloigne de son accord : Goya comme Raphaël, Picasso comme l'Angelico. Et Goya ne s'en éloigne pas pour se soumettre à Raphaël. Picasso voulait que l'avenir demeurât la plus grande aventure; la métamorphose du siècle prochain n'était pas moins imprévisible que n'avait été son propre génie. Rien n'a fait de Goya un peintre de Fêtes galantes, malgré les cartons de tapisseries; ni même, un rival de Manet. Les cris des Atrides déchirent la mémoire de l'Occident, qui a très bien oublié la réconciliation par laquelle s'achève *L'Orestie.* Le Prospero de *La Tempête,* maître des hommes « faits de l'étoffe des songes », ne l'est pas, pour nous, du somnambulisme de lady Macbeth. Les fétiches ne deviennent pas des anges, et le monde de l'art est plus irrationnel et plus profond que celui de la Réconciliation.

Ce qu'il est, sans doute les hommes croiront-ils l'apprendre de son successeur. Nous sommes pourtant conscients de vivre une mutation comparable à celle qui remplaça le monde de la cathédrale par le monde du rêve; conscients de l'intrusion de ce peuple de toiles que le peintre contraint pour la première fois à l'arbitraire des grands vitraux. Ceux-ci se réclamaient du Christ, alors que notre peinture ne se réclame plus que de son propre pouvoir. Mais ce pouvoir avait fait à Picasso une promesse confuse et secrète. Dans son atelier des Grands-Augustins, le peintre avait entendu des paroles que le Petit Bonhomme n'avait jamais prononcées, bien qu'il les portât en lui; de même, deux ou trois mille ans après nous, les artistes entendraient du Petit Bonhomme de Vauvenargues qui, sur la pelouse, atteste la terre, des paroles imprévisibles, bien au-delà de ce que nous appelons la récupération et la révolte... Le langage futur de l'art est toujours un langage inconnu.

Ce tombeau que vont emplir les toiles éclatantes ou traquées, ce mausolée de la création au temps des villes en flammes et des camps d'extermination, sera aussi le temple de la création sans âge. Dès que nous cessons de confondre le pouvoir créateur avec celui d'interpréter des spectacles ou des rêves, nous découvrons sa fraternité avec celui de notre art. Il est moins énigmatique, parce que nous connaissons le gothique que portaient en eux les sculpteurs romans, mais non l'art du XXIe siècle. Une suite de créations est moins obscure qu'une création capitale : la signification du style auquel elle appartient ou qu'elle va susciter, l'éclaire. Elle ne se distingue que de loin, car de près, elle s'appelle Vérité... On a dit que le génie de Shakespeare arrachait un rideau pour révéler ce que chacun connaît, comme si nul ne l'avait jamais vu; en ce sens, l'art de Picasso lui révélait le pouvoir créateur jusqu'à sa *Vénus* de Lespugue. Et tout notre art nous suggère que l'exercice de ce pouvoir s'apparente à l'expérience mystique lorsque l'artiste croit imiter, à l'expérience prophétique lorsqu'il veut innover. Le sculpteur anonyme qui croit se perdre dans le divin en imitant avec fidélité quelque prototype, sculpte la *Majesté* d'Éléphanta, le masque-antilope des Dogon; le sculpteur de Moissac, anonyme aussi, révèle à la foule chrétienne le divin qu'elle salue comme le peuple fidèle portera en triomphe la Madone toscane. Gorgé de toiles rayonnantes du tombeau, Vauvenargues va le crier, parce qu'ici, Picasso, plus violemment que tous ses prédécesseurs, nous somme de comprendre que la création est aussi mystérieuse que la mort.

C'est sans doute pourquoi le Petit Bonhomme qui, sous le nom de *Figure au vase,* semble présenter son offrande au soleil, appelle opiniâtrement la tête d'obsidienne dans ma mémoire. Le crâne est le signe de la mort, à quelque civilisation que son image appartienne, mais elle est sans poids dans les religions qui connaissent le grand langage funèbre. Le collier de têtes de Dourga appartient au pittoresque en face de Çiva, le crâne et les tibias sont dérisoires en face du crucifix.

Encore ce langage est-il subordonné : pour Çiva, au Brahman incréé; pour le Christ mourant, à l'Incarnation et à la Résurrection. Seule la Mort aztèque,

que nous connaissons mal, nous semble régner; l'art semble y atteindre l'Englobant qu'il n'atteint ni dans Yaveh, ni dans le Père, ni dans Allah, ni dans le Brahman. Car les crânes d'obsidienne, de quartz, de turquoises, ne se limitent pas plus à des signes que le crâne de bronze sculpté par Picasso, sur lequel j'ai trébuché dans le couloir des Grands-Augustins. Le signe, nous le connaissons, c'est l'hiéroglyphe mexicain, celui du monolithe de la Guerre Sacrée qui symbolise le cœur arraché des prisonniers. Alors que le sculpteur a donné au crâne d'obsidienne, la vie énigmatique de l'art, la transfiguration que la sculpture grecque a donnée au corps humain pour en faire le corps de ses dieux. La rivalité directe de l'art et de la mort, si elle ne nous était connue, nous semblerait inimaginable. Pour parler de la mort, nous n'avions trouvé que les ossements devant lesquels nos ermites méditaient, nos Gisants, et nos Transis.

Sa sombre lueur éclaire la sorcellerie de l'opération créatrice, assimile le style à l'aiguille de l'envoûteur. Pour rivaliser avec le néant, l'art révèle comment il rivalise avec le destin. Le symbole qui impose à l'homme le plus profond sentiment de sa dépendance : le signe de la mort, nous enseigne comment la griffe capable de le marquer, marque le cosmos et l'inconnaissable.

De la mort aztèque, nous ne savons pas même le

rôle qu'elle jouait. Rien; mais la sombre fraternité de la mort nous contraint à la reconnaître, là où nous en ignorons tout. Les idoles des Cyclades, trouvées dans les sépultures, ont été la vie dans le même domaine de limbes : la Grande Déesse, la Terre-Mère qui deviendra la Vierge de Byzance. Emblème en forme de violon, ou trapèze inscrit entre des signes de bras autour de seins allusifs, au-dessus du coup de couteau qui fend les jambes en partant du sexe. Je me souviens de la stupéfaction avec laquelle Picasso, habitué à son idole dont il négligeait le sens, regardait les corolles carnivores de mes Fécondités d'argile apparemment aussi arbitraires que ses propres sculptures. Pour figurer à la fois l'essentiel et l'invisible, les Cyclades ont trouvé le signe le plus subtil et le plus abstrait de la Déesse-Mère qui abandonne inépuisablement à la terre, ceux qu'elle appelle inépuisablement. L'âme de la vie et celle de la mort, les lianes de Vichnou et de Çiva s'entrelacent dans l'inaccessible inconnu du Brahman incréé; la Fécondité de l'archipel et le crâne mexicain se rejoignent dans le miroir où passaient au-dessus de l'obsidienne, les nuages sans mémoire... L'Englobant de ce que nous continuons d'appeler art, c'est la métamorphose. Sa dérive d'astres entraîne Vauvenargues avec les ruines mexicaines où les trombes de poussière dansent sur les dieux funèbres :

ce tombeau qui dressera dans le matin les œuvres les plus intraitables de l'histoire, y rejoint l'accent qu'un Petit Bonhomme aztèque osa donner à la mort, et les idoles qui guidaient dans la nuit des Cyclades, entre les démons, les ombres trébuchantes sur le chemin de leur résurrection.

Pourquoi Dostoïevski fut-il obsédé du « supplice d'un enfant innocent par une brute »? J'ai écrit naguère que sur fond de néant, l'acte le plus humble d'héroïsme ou d'amour n'était pas moins mystérieux que le supplice. Sur fond de néant, la plus humble création est miracle; plus timide, mais non moins insolite, non moins fascinante. Elle ne dialogue qu'avec la métamorphose qui l'attire dans sa propre énigme, plus loin que la révolte et la réconciliation − dans l'imprévisible Prado où l'Espagne attend *Guernica* et où le plus grand Goya attendait le jeune Picasso. En face de moi, la menue guirlande du papier découpé jadis par lui tremble dans l'air chaud du foyer. La farandole me remet en mémoire, à cause de la tête d'obsidienne, une scène rencontrée maintes fois au Mexique. Des enfants regardaient tourner autour d'une lampe invisible la roue d'une loterie et ses petits squelettes : les ombres gesticulantes passaient sur les hâves frimousses qu'éclairait lentement un merveilleux sourire...

Tout ce qui échappe au temps appartient au mystère, et ce que les artistes trouveront d'abord ici, dans le dialogue direct de la création et de la mort, c'est ce qu'ils trouvaient hier à la Fondation : l'insaisissable temps dans lequel vivent les œuvres d'art. Si, un jour, Jacqueline expose ici *Guernica* en route pour Madrid, *Guernica* n'y appartiendra pas au même passé que la guerre d'Espagne. Car la guerre d'Espagne a été, alors que le tableau *est;* ce qui nous rend perplexes, depuis que les chefs-d'œuvre ne sont plus immortels. J'étais surpris, hier, que la survie de l'art pût sembler fascinante en face des millénaires du genre humain, des millions d'années de la Voie lactée. Rien ne prévaudrait-il sur la phrase de Staline que me citait le général de Gaulle : « C'est toujours la mort qui gagne »? A Vauvenargues où les songes d'Espagne brisent et briseront leur vol de chauves-souris, je me souviens de la caverne où Çiva mêle les hommes aux singes qui fermaient les yeux des morts des batailles védiques — et les choucas provençaux crient comme les mouettes de l'océan Indien. A quoi bon nos petites survies, sur lesquelles brillent des étoiles depuis si longtemps éteintes, me demandaient hier banalement les œuvres rassemblées par la Fondation; ici, devant la mort d'un ami, je comprends que la victoire sur la mort conserve sa voix profonde, même en face de l'éternité. Car elle la tient de l'affrontement, non de la victoire. Nous connaissons un affrontement plus répandu : celui du courage. Une vie de courage ne repousse pas de quelques siècles, la mort, comme le fait l'art : elle ne la repousse pas d'une heure. Pourtant le courage traverse les civilisations, plus invinciblement encore que le Petit Bonhomme des Cyclades. La relation de l'artiste avec l'art nous échappe autant que celle de l'art avec la mort. C'est pourquoi Picasso savait par cœur la phrase de Van Gogh.

Ce matin, le Petit Bonhomme, sous le nom de *Figure au vase,* dresse sur la tombe sa statue sans visage qui ressemble inexplicablement à Picasso, devant les nuées basses à la dérive vers la montagne Sainte-Victoire, comme les nuées dans le miroir de Mexico. Depuis les cavernes, ce farfadet secoué par la mort comme une balle par un jet d'eau, a-t-il parfois deviné qu'il luttait contre le destin? En Van Gogh, a-t-il pris conscience que l'enjeu de sa lutte était plus insaisissable même que la survie? Cette phrase que Picasso savait par cœur, elle l'avait, dès la période rose, contraint aux *Demoiselles d'Avignon,* acculé à son œuvre. Je me souviens de l'*Étreinte,* le couple à la femme enceinte qui m'avait fait penser, aux Grands-Augustins, que la naissance le troublait autant que la mort. Pour Van Gogh, vie et mort appartenaient au même domaine. Il attendait de la création picturale, un domaine différent de celui de la nature. Interprétation, expression, accession, peu importe : autre. Il eût dit, si ce vocabulaire ne l'eût exaspéré : d'une autre essence. Mais en opposant une gamme aux bruits de la nature, il pressentait que l'art oppose la création artistique à la Création, à la vie même. De cela, Picasso était plus conscient que le chrétien Vincent. Lorsqu'il disait : « Il ne faut pas imiter ce que fait la vie, il faut travailler comme elle », en ajoutant à l'occasion : « Pour travailler contre elle », il pensait que Van Gogh avait voulu dire : « J'écoute ma création au plus profond de moi — aussi mystérieuse que Dieu. » Le Petit Bonhomme des Cyclades l'avait dit au long des siècles sans le savoir. Érigée sur le cercueil, là où l'on eût naguère dressé la croix, la statue du sculpteur sans nom de la plus ancienne Grèce veille sur Vauvenargues.

Dans un siècle, que sera devenu ce tombeau de la Révolte? « Le départ du bateau, c'est la mort du peintre... On ne sait jamais comment ça vit et ça meurt, la peinture... Tous ces jugements idiots... Heureusement, il n'y a plus de Jugement dernier!... » Quand je lui ai demandé comment nous admirions à la fois Poussin et Goya, il a haussé les épaules, comme pour suggérer qu'aux vraies questions, il n'y avait jamais de réponse, et ronchonné seulement, sur le ton de l'évidence :

« La peinture!... »

Puis, il m'a répondu :

« Les dialogues... Poussin, Goya, bon! mais après, Cézanne et Van Gogh... Contemporains!... On finit par se retrouver avec les types de son temps, non? A un certain âge, on devient attaché aux gens qui vous emmerdent depuis toujours. Qu'est-ce que c'est, les amis? C'est les peintres avec qui on s'est fâché. Drôle! Quatre-vingts ans! me faire ça, à moi!

« Les peintres, enfin : les tableaux! deviennent comme les canards qui ont mangé la même ficelle. Comme les vieux couples, vous savez? Peut-être, c'est la France : Corneille et Racine, Ingres et Delacroix, Corot et Daumier, Cézanne et Van Gogh, Nénette et Rintintin... On ne dit pas Velázquez et Machin. Pourtant, nous, nous avons deux noms : Ruiz y Picasso. C'est drôle...

— Eschyle et Sophocle, l'Orient et la Grèce...

— Depuis que ça dure, ça doit vouloir dire quelque chose... »

Il savait qu'à ces dialogues illustres, la France ajouterait celui de Braque avec Picasso. Au temps de son exposition aux deux Palais, et de l'entrée de l'Atelier de Braque au Louvre, chacun était devenu l'invincible adversaire de l'autre... A-t-il regardé, aux Actualités, les obsèques de Braque?

Le catafalque était dressé entre les deux ailes illuminées de la colonnade du Louvre. Des projecteurs traversaient au passage les rafales de la nuit pluvieuse. La famille et les amis attendaient sous la voûte de la vieille entrée du Louvre, profondeur de nuit sur la cour sans lumières. On entendait s'approcher une musique incertaine, puis la *Marche funèbre pour la mort d'un héros*. Les soldats qui portaient le corps atteignirent les projecteurs ; la cérémonie terminée, la foule se dispersa de rafale en rafale, et sur le catafalque noir, le cercueil resta seul dans le trou d'ombre qui séparait les colonnades des deux ailes, comme des rangs de statues pour un tombeau de roi.

Dans son atelier, *La Grande Charrue* inachevée reposait encore sur le chevalet. Au-dessous, pour quelque comparaison sans doute, l'*Atelier au crâne* de 1938, qu'il avait appelé aussi *Vanité*. Autour, vingt toiles, rangées comme par elles-mêmes : héritières du recueillement de Vermeer et de Chardin malgré les grands oiseaux blancs qui les traversaient, religieuses du silence autour des deux dernières prieures de la sérénité. Je me souvins du bas-côté de l'église de Varangeville, où le vitrail bleu pâle du peintre veillait sur son cercueil, comme, jadis, des dômes turquoise d'Ispahan sur la nuit persane où passaient les calèches. La *Charrue* abandonnée sur le vieux travail des hommes entraînait dans son monde pacifié la

Vanité, occulte déléguée des funérailles, où le traditionnel crâne funèbre rencontre ses pinceaux et sa palette, comme si Braque avait toujours su que la fin de son art serait d'apprivoiser la mort.

La dernière fois que je m'étais trouvé là, je lui avais cité la phrase de Cézanne : « Si j'étais sûr et certain que mes toiles seront détruites, et que je n'entrerai jamais au Louvre, je cesserais de peindre. » Déjà très courbé, il avait réfléchi patiemment, et dit à mi-voix, comme avec crainte : « Moi, si j'avais la certitude que tous mes tableaux seront brûlés, je crois que je continuerais à peindre, oui, je continuerais à peindre... »

Il y a dix ans qu'il est mort...

Qu'eût répondu Picasso ? La même phrase, je crois... Braque parlait comme les sculpteurs gothiques des tours, et travaillait comme eux — mais pour un Dieu inconnu. « On ne finit jamais de sélectionner la sélection... » Picasso a tiré les cartes de son œuvre avec ses derniers Tarots : la dernière aventure, pour la peinture la plus aventureuse. Ici, pas de cortège de colonnes, mais la *Figure au vase,* fétiche protecteur des montagnes, l'incandescence du monceau de glaïeuls sous l'obscurité gothique, Jacqueline, et la secrète présence de Don Quichotte, qui fait veiller la plus opiniâtre révolte, par le plus grand rêve du monde.

276

Je vais partir, et reviens prendre mon imperméable dans la salle à manger. Au coin de la cheminée, le chat de bronze doré, dont j'avais vu la première épreuve aux Grands-Augustins.

Est-ce celui de Mougins?

Je pense à Notre-Dame-de-Vie. Il y a si peu de temps...

Jacqueline et moi allions vers la salle des sculptures, et parlions de Picasso. Dans le corridor, j'ai demandé : « Il avait travaillé tard dans la nuit, n'est-ce pas?

— Oui. Quand le docteur est venu, le matin, je voulais me lever. Pablo m'a tenu la main. Il a dit : " Vous êtes célibataire, docteur? " Le docteur a répondu oui. Pablito a dit : " Vous avez tort. C'est bien, une femme. " J'ai passé un peignoir et je suis sortie. Cinq minutes après, j'ai senti quelqu'un derrière moi dans le couloir. Je me suis retournée, j'ai compris. Je n'ai même pas entendu le médecin dire : " Il est mort. " »

Quand nous sommes arrivés dans la salle, l'ombre d'un nuage passait sur l'enchevêtrement de cuivre des sculptures. Je me suis souvenu de : « Qu'adviendra-t-il de tout ça?... » et de : « Il n'y a pas de Jugement dernier!... » Le haut de la pièce était encore éclairé. Sur le plan supérieur, *Le Chat* doré; sur l'autre, à la même hauteur, le fétiche, séparé de la voiture d'enfant qu'il conduisait comme Anubis conduit les morts. Les photos n'ont jamais fixé les cabochons constellés de ses yeux qui rencontraient dans ma mémoire les pylônes atomiques de Bombay, veilleurs martiens en face d'Eléphanta — et les vastes orbites vides du *Dévot Christ,* icône devenue folle. Ces yeux, cette coiffure en crosse, ce bras d'offrande comme celui de la *Figure au vase,* ce haut corps en pieu étaient sans âge. Sur une table, le moulage de la *Vénus* de Lespugue. Tout poteau sculpté vient du fond des temps; celui-ci plongeait aussi dans un abîme plus troublé que celui de l'humanité, dans le passé de la plus ancienne bête, l'araignée millénaire qui nous attend au coin du cauchemar. Comme toujours, il unissait l'immémorial aux réacteurs atomiques, les formes barbares aux créations d'un siècle futur — et régnait, ce jour-là, hypnotique, sur la horde convulsive des bronzes, imperturbables dans l'attente du Jugement que récusait Picasso.

Totem lié à toute sa race de bois et de cuivre, comme les totems en tronc de fougère le sont à la brousse des Nouvelles-Hébrides. Il me fit penser à la déesse-lionne vue à Louxor dans son hypogée où le rayon de soleil ne l'atteint qu'à midi : c'est la déesse du Retour éternel. Plus tard, je voudrais trouver le totem à Vauvenargues, en face de *Guernica.* Celui-là, nous ne le conduirons pas en Espagne avec Miguel, après la Révolution. Le Petit Bonhomme comprendrait pourquoi il l'a sculpté, et ce que vient faire ici le Saturne de la Métamorphose...

Jacqueline l'avait-elle deviné alors? Dans la salle des sculptures, au haut du perron, en face du *Chat,* le soleil éclairait un fouillis de bouts de bois, d'objets inconnaissables, de ressorts à boudins.

« Vous, vous ne deviendrez plus jamais des sculptures... », leur a-t-elle dit tristement.

APPENDICE

1. Picasso. Les Demoiselles d'Avignon. 1907. Musée d'Art Moderne, New York.
Elles ont dû arriver quand j'étais au Trocadéro... (Picasso).

2. Picasso. Guernica. 1937. Musée d'Art Moderne, New York.
...l'exil de Guernica *règne sur ce musée...* P. 46.

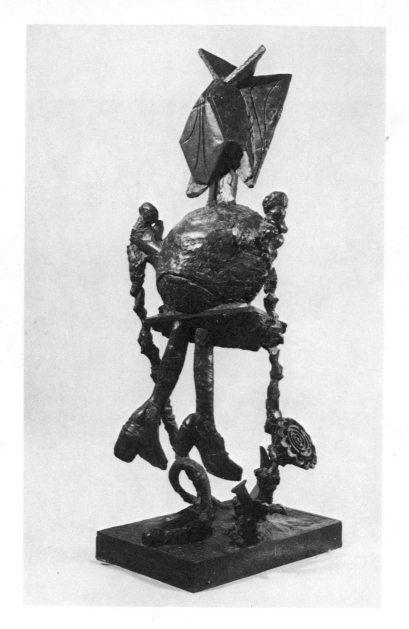

3. Picasso. La fillette à la corde. Bronze. 1950. Collection privée.
... un monde qui ne peut exister que par la sculpture. P. 30.

4. Picasso. Buste de Guerrier. Bronze. 1933. Collection privée.
... cette Tête, *bosselage au plumet en balai.* P. 65.

5. Picasso. Femme au Feuillage. Plâtre. 1943. Collection privée.
… la branche, … en connivence avec des volumes géométriques. P. 33-34.

6. Picasso. Le Faucheur. Bronze. 1943. Collection privée.
Je voulais en faire le monument aux Fleurs du mal. P. 34.

7. Picasso. La Femme à la voiture d'enfant. Bronze. 1950.
Collection privée.
... le totem aux yeux striés de mécanique...

8. L'Atelier de Picasso en 1944.
Ah, bien sûr, si on était artiste-peintre! (Picasso). P. 110.

9. Art néo-sumérien. Goudéa debout. Vers 2150 avant J.-C.
Musée du Louvre, Paris.
... à la fois adorants, dieux et temples. P. 38.

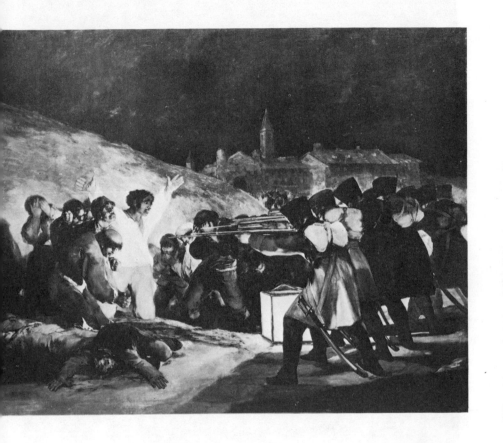

10. Goya. Les Fusillades du 3 mai 1808. 1814. Musée du Prado, Madrid.
Ces bras dressés sont ceux des crucifixions...

11. Velázquez. Les Ménines. 1656. Musée du Prado, Madrid.
Il faut bien que la nature existe, pour pouvoir la violer (Picasso).
P. 56.

12. Picasso. Tête de Ménine (M. A. Sarmiento). 10-10-1957 (1).
Musée Picasso, Barcelone.
... les petites toiles agressives des Ménines... P. 53.

13. Picasso. Les Ménines. 3-10-1957. Musée Picasso, Barcelone.
Le viol allait apparaître brutalement avec la métamorphose des Ménines.
P. 56.

14. Sebastiano del Piombo. Le Christ aux Limbes.
1536-1539. Musée du Prado, Madrid.
... le tableau vivant suggéré par le tableau... P. 57.

15. Cézanne. Copie du Christ aux Limbes. Avant 1870.
Collection privée.
Ils ne veulent pas peindre mieux, ils veulent peindre autrement. P. 57.

16. Picasso. Jacqueline dans un fauteuil à bascule. 9-10-1954.
Collection privée.
... *en face d'une* Jacqueline. P. 62.

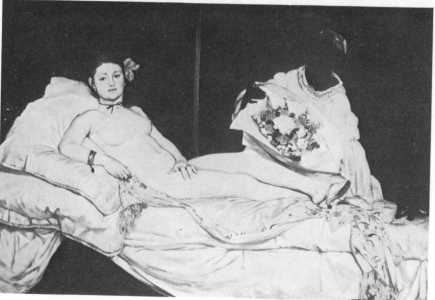

17. Titien. La Vénus d'Urbin. 1538. Musée des Offices, Florence.
... *en arrachant à la Vénus sa divinisation...* P. 57 *(en haut)*.

18. Manet. Olympia. 1863. Musée du Jeu de Paume, Paris.
... *non pour en faire une dame, mais un tableau.* P. 57 *(en bas)*.

19. Picasso. Arlequin. 12-12-1969. Collection privée.
... des signes ravagés et ravageurs. P. 71.

20. Picasso. Homme et Femme. 7-9-1969. Collection privée.
... *cette foule garrottée qui se débat comme sa sculpture.* P. 71.

21. Picasso. Personnage à l'Oiseau. 13-1-1972. Palais des Papes,
Avignon.
« C'est le dernier », *répond Jacqueline.* P. 82.

22. Art des Steppes. Combat d'animaux. Époque sarmate.
IIIᵉ siècle avant-IIᵉ siècle après J.-C. Musée de l'Ermitage, Leningrad.
Le bronzier veut inventer un signe du carnage... P. 87.

23. Art des Steppes. Cheval et fauve. Époque Han. IIIᵉ siècle
avant-IIIᵉ siècle après J.-C. Metropolitan Museum, New York.
(La citation précédente concerne également cette œuvre.)

24. Picasso. Bouquet. 27-10-1969. Collection privée.
... *ses fleurs en crocs, peintes pour des oriflammes de tribus.* P. 98.

20. Picasso. Homme et Femme. 7-9-1969. Collection privée.
... cette foule garrottée qui se débat comme sa sculpture. P. 71.

21. Picasso. Personnage à l'Oiseau. 13-1-1972. Palais des Papes,
Avignon.
« C'est le dernier », répond Jacqueline. P. 82.

22. Art des Steppes. Combat d'animaux. Époque sarmate.
IIIᵉ siècle avant-IIᵉ siècle après J.-C. Musée de l'Ermitage, Leningrad.
Le bronzier veut inventer un signe du carnage... P. 87.

23. Art des Steppes. Cheval et fauve. Époque Han. IIIᵉ siècle
avant-IIIᵉ siècle après J.-C. Metropolitan Museum, New York.
(La citation précédente concerne également cette œuvre.)

24. Picasso. Bouquet. 27-10-1969. Collection privée.
... *ses fleurs en crocs, peintes pour des oriflammes de tribus.* P. 98.

25. Picasso. Baiser. 24-10-1969 (1). Collection privée.
Comme les peuples des steppes à l'accent de leurs idéogrammes convulsifs. P. 88.

26. Picasso. Le Flûtiste. 30-9-1971. Palais des Papes, Avignon.
Héritiers du Totem à la Poussette. P. 90.

27. Picasso. Le Vert Galant. 25-06-1943. Collection privée.
... aux troncs en trapèzes et aux feuillages en oursins. P. 98.

28. Les Amoureux (signé Manet). 1919. Collection privée.
... les formes que prodiguerait plus tard son génie-aux-liens. P. 99.

29. Picasso. La Femme au miroir. 19??. Collection privée.
... toutes étaient des œuvres limites. P. 99.

30. Picasso. La Femme qui pleure. Eau-forte. 1937. Collection
Galerie Berggruen, Paris.
L'équerre frénétique est déjà célèbre. P. 111.

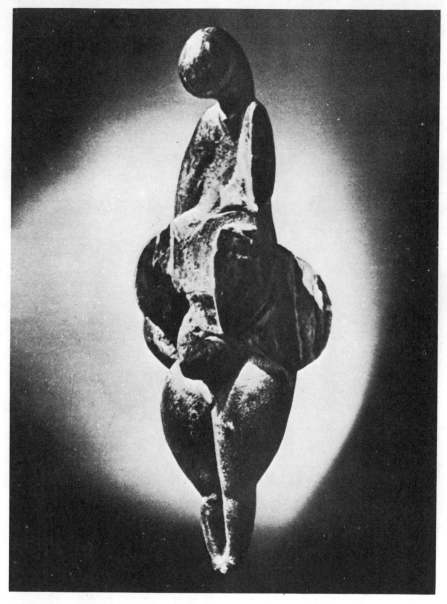

31. La Vénus de Lespugue. Aurignacien. Musée des Antiquités Nationales, Saint-Germain-en-Laye.
... avec une tomate traversée par un fuseau. P. 116.

32. Art mésopotamien (?). Fécondité. Vers 2000 avant J.-C.
Musée d'Alep. ... *les corolles carnivores*. P. 269.

33. Art des Cyclades. Idole-violon. Vers 2000 avant J.-C. Musée
archéologique, Athènes.
Moi, je trouve que la mienne n'est pas moche (Picasso). P. 116.

34. Art des Cyclades. Idole. Vers 2000 avant J.-C. Musée archéologique, Athènes.
Il y a eu un Petit Bonhomme des Cyclades... (Picasso). P. 118.

35. Vierge de Cambrai. xvᵉ siècle? Trésor de la Cathédrale, Cambrai.
Quelle Bernadette? — Celle de Lourdes. P. 121.

36. Picasso. La Femme à l'artichaut. 1942. Collection privée.
La nature, il faut qu'elle avoue... (Picasso). P. 129.

37. Roi de Beauvais. Fin du XIIᵉ siècle. Musée de Beauvais.
... qui transforme le mystère byzantin en communion... P. 152.

38. Le Cabinet de travail d'Apollinaire.
D'abord, des fétiches trapus, comme celui d'Apollinaire... P. 161.

39. Art dogon. Mali. Masque-antilope. XIXe siècle. Musée de
l'Homme, Paris.
... *l'une des formes extrêmes du génie africain...* P. 158.

40. Art de la Nouvelle-Bretagne. Baining. Masque en tapa.
XIXe siècle. Musée d'Ethnographie, Hambourg
... un papillon de nuit sous lequel bâille une bouche... P. 165.

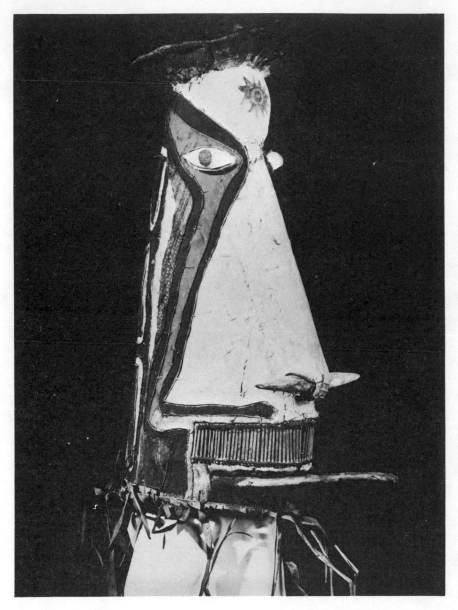

41. Art de la Nouvelle-Bretagne. Iles Witu (ou Fench). Masque en tapa, XIXe siècle. Musée d'Ethnographie, Budapest.
... *une palissade d'allumettes ferme la porte de l'Esprit.* P. 165.

42. Art mésopotamien. Mari. La « Grande Chanteuse ».
Première moitié du IIIe millénaire. Musée de Damas.
... elle ne ressemble à Sumer, que comme la prune au prunier. P. 168.

43. Art khmer. La Reine Jayarajadevi? XIIᵉ-XIIIᵉ siècle. Musée
Guimet, Paris.

44. Art hindou. La « Majesté » d'Eléphanta. VIIᵉ siècle. *In situ.*
Le dessein du sculpteur est de se déposséder de lui-même... P. 182.

45. Takanobu. Taira no Shigemori. XIIe-XIIIe siècle. Temple Jingaji, Kyoto.
... *l'un des chefs-d'œuvre de la peinture mondiale.*

46. Picasso. La Femme à la voiture d'enfant (détail). Bronze.
1950. Collection privée.
... les cabochons constellés de ses yeux... P. 278.

47. Picasso. La figure au vase. Bronze. 1933. Vauvenargues.
... son geste d'offrande parallèle à la terre. P. 244.

DU MÊME AUTEUR

LES CONQUÉRANTS

LA VOIE ROYALE

LA CONDITION HUMAINE

L'ESPOIR

LE TEMPS DES LIMBES :
  I. ANTIMÉMOIRES
  II. MÉTAMORPHOSES, *qui comprendra*
    LES CHÊNES QU'ON ABAT...
    LA TÊTE D'OBSIDIENNE
    et autres textes en préparation

ORAISONS FUNÈBRES

LA TENTATION DE L'OCCIDENT

SATURNE, essai sur Goya

LES VOIX DU SILENCE

LE MUSÉE IMAGINAIRE DE LA SCULPTURE MONDIALE
  I. LA STATUAIRE
  II. DES BAS-RELIEFS AUX GROTTES SACRÉES
  III. LE MONDE CHRÉTIEN

LA MÉTAMORPHOSE DES DIEUX
  I. L'INACCESSIBLE
  II. L'IRRÉEL *(sous presse)*
  III. L'INTEMPOREL *(en préparation)*

Toutes ces œuvres ont été publiées aux Éditions Gallimard, à l'exception de celles parues aux Éditions Grasset : LES CONQUÉRANTS, LA VOIE ROYALE *et* LA TENTATION DE L'OCCIDENT.

L'édition originale de cet ouvrage
achevé d'imprimer le 15 février 1974
sur les presses de l'Imprimerie Floch à Mayenne
a été tirée
à trois cent quatre-vingt-dix exemplaires,
savoir :
quatre-vingts exemplaires sur vergé de Hollande van Gelder
numérotés de 1 à 80
et trois cent dix exemplaires sur vélin pur fil Lafuma-Navarre
numérotés de 81 à 390.

N° d'édition : 18751; dépôt légal : 1er trim. 1974; imprimé en France.
(12609)

18751